思想的・睿智的・獨見的

經典名著文庫

學術評議

丘為君　吳惠林　宋鎮照　林玉体　邱燮友
洪漢鼎　孫效智　秦夢群　高明士　高宣揚
張光宇　張炳陽　陳秀蓉　陳思賢　陳清秀
陳鼓應　曾永義　黃光國　黃光雄　黃昆輝
黃政傑　楊維哲　葉海煙　葉國良　廖達琪
劉滄龍　黎建球　盧美貴　薛化元　謝宗林
簡成熙　顏厥安（以姓氏筆畫排序）

策劃　楊榮川

五南圖書出版公司 印行

經典名著文庫

學術評議者簡介（依姓氏筆畫排序）

- 丘為君　美國俄亥俄州立大學歷史研究所博士
- 吳惠林　美國芝加哥大學經濟系訪問研究、臺灣大學經濟系博士
- 宋鎮照　美國佛羅里達大學社會學博士
- 林玉体　美國愛荷華大學哲學博士
- 邱燮友　國立臺灣師範大學國文研究所文學碩士
- 洪漢鼎　德國杜塞爾多夫大學榮譽博士
- 孫效智　德國慕尼黑哲學院哲學博士
- 秦夢群　美國麥迪遜威斯康辛大學博士
- 高明士　日本東京大學歷史學博士
- 高宣揚　巴黎第一大學哲學系博士
- 張光宇　美國加州大學柏克萊校區語言學博士
- 張炳陽　國立臺灣大學哲學研究所博士
- 陳秀蓉　國立臺灣大學理學院心理學研究所臨床心理學組博士
- 陳思賢　美國約翰霍普金斯大學政治學博士
- 陳清秀　美國喬治城大學訪問研究、臺灣大學法學博士
- 陳鼓應　國立臺灣大學哲學研究所
- 曾永義　國家文學博士、中央研究院院士
- 黃光國　美國夏威夷大學社會心理學博士
- 黃光雄　國家教育學博士
- 黃昆輝　美國北科羅拉多州立大學博士
- 黃政傑　美國麥迪遜威斯康辛大學博士
- 楊維哲　美國普林斯頓大學數學博士
- 葉海煙　私立輔仁大學哲學研究所博士
- 葉國良　國立臺灣大學中文所博士
- 廖達琪　美國密西根大學政治學博士
- 劉滄龍　德國柏林洪堡大學哲學博士
- 黎建球　私立輔仁大學哲學研究所博士
- 盧美貴　國立臺灣師範大學教育學博士
- 薛化元　國立臺灣大學歷史學系博士
- 謝宗林　美國聖路易華盛頓大學經濟研究所博士候選人
- 簡成熙　國立高雄師範大學教育研究所博士
- 顏厥安　德國慕尼黑大學法學博士

經典名著文庫060

社會學方法的規則

LES RÈGLES DE LA MÉTHODE SOCIOLOGIQUE

涂爾幹（Émile Durkheim）著
狄玉明 譯

Émile Durkheim

LES RÈGLES DE LA MÉTHODE SOCIOLOGIQUE

Librairie Félix Alcan, Paris, 1919
根據法國巴黎費利克斯・阿爾岡出版社 1919 年版譯出
Ouvrage publié avce le concours du
Ministère Français des Affaires Etrangères
本書出版得到法國外交部的資助

經典永恆・名著常在

五十週年的獻禮・「經典名著文庫」出版緣起

總策劃 楊榮川

五南，五十年了。半個世紀，人生旅程的一大半，我們走過來了。不敢說有多大成就，至少沒有凋零。

五南忝爲學術出版的一員，在大專教材、學術專著、知識讀本出版已逾壹萬參仟種之後，面對著當今圖書界媚俗的追逐、淺碟化的內容以及碎片化的資訊圖景當中，我們思索著：邁向百年的未來歷程裡，我們能爲知識界、文化學術界做些什麼？在速食文化的生態下，有什麼值得讓人雋永品味的？

歷代經典・當今名著，經過時間的洗禮，千錘百鍊，流傳至今，光芒耀人；不僅使我們能領悟前人的智慧，同時也增深加廣我們思考的深度與視野。十九世紀唯意志論開創者叔本華，在其〈論閱讀和書籍〉文中指出：「對任何時代所謂的暢銷書要持謹慎的態度。」他覺得讀書應該精挑細選，把時間用來閱讀那些「古今中外的偉大人物的著作」，閱讀那些「站在人類之巔的著作及享受不朽聲譽的人們的作品」。閱讀就要「讀原著」，是他的體悟。他甚至認為，閱讀經典原著，勝過於親炙教誨。他說：

「一個人的著作是這個人的思想菁華。所以，儘管一個人具有偉大的思想能力，但閱讀這個人的著作總會比與這個人的交往獲得更多的內容。就最重要的方面而言，閱讀這些著作的確可以取代，甚至遠遠超過與這個人的近身交往。」

爲什麼？原因正在於這些著作正是他思想的完整呈現，是他所有的思考、研究和學習的結果；而與這個人的交往卻是片斷的、支離的、隨機的。何況，想與之交談，如今時空，只能徒呼負負，空留神往而已。

三十歲就當芝加哥大學校長、四十六歲榮任名譽校長的赫欽斯（Robert M. Hutchins, 1899-1977），是力倡人文教育的大師。「教育要教眞理」，是其名言，強調「經典就是人文教育最佳的方式」。他認爲：

「西方學術思想傳遞下來的永恆學識，即那些不因時代變遷而有所減損其價值的古代經典及現代名著，乃是眞正的文化菁華所在。」

這些經典在一定程度上代表西方文明發展的軌跡，故而他爲大學擬訂了從柏拉圖的《理想國》，以至愛因斯坦的《相對論》，構成著名的「大學百本經典名著課程」。成爲大學通識教育課程的典範。

歷代經典．當今名著，超越了時空，價值永恆。五南跟業界一樣，過去已偶有引進，但都未系統化的完整舖陳。我們決心投入巨資，有計畫的系統梳選，成立「經典名著文庫」，希望收入古今中外思想性的、充滿睿智與獨見的經典、名著，包括：

- 歷經千百年的時間洗禮，依然耀明的著作。遠溯二千三百年前，亞里斯多德的《尼各馬科倫理學》、柏拉圖的《理想國》，還有奧古斯丁的《懺悔錄》。
- 聲震寰宇、澤流遐裔的著作。西方哲學不用說，東方哲學中，我國的孔孟、老莊哲學，古印度毗耶娑（Vyāsa）的《薄伽梵歌》、日本鈴木大拙的《禪與心理分析》，都不缺漏。
- 成就一家之言，獨領風騷之名著。諸如伽森狄（Pierre Gassendi）與笛卡兒論戰的《對笛卡兒沉思錄的詰難》、達爾文（Darwin）的《物種起源》、米塞斯（Mises）的《人的行爲》，以至當今印度獲得諾貝爾經濟學獎阿馬蒂亞・

森（Amartya Sen）的《貧困與饑荒》，及法國當代的哲學家及漢學家余蓮（François Jullien）的《功效論》。

梳選的書目已超過七百種，初期計劃首爲三百種。先從思想性的經典開始，漸次及於專業性的論著。「江山代有才人出，各領風騷數百年」，這是一項理想性的、永續性的巨大出版工程。不在意讀者的眾寡，只考慮它的學術價值，力求完整展現先哲思想的軌跡。雖然不符合商業經營模式的考量，但只要能爲知識界開啓一片智慧之窗，營造一座百花綻放的世界文明公園，任君遨遊、取菁吸蜜、嘉惠學子，於願足矣！

最後，要感謝學界的支持與熱心參與。擔任「學術評議」的專家，義務的提供建言；各書「導讀」的撰寫者，不計代價地導引讀者進入堂奧；而著譯者日以繼夜，伏案疾書，更是辛苦，感謝你們。也期待熱心文化傳承的智者參與耕耘，共同經營這座「世界文明公園」。如能得到廣大讀者的共鳴與滋潤，那麼經典永恆，名著常在。就不是夢想了！

二〇一七年八月一日　於
五南圖書出版公司

導讀——閱讀《社會學方法的規則》的規則

國立政治大學社會系副教授 陳宗文

被法國人稱爲「社會學之父」的涂爾幹過世剛過一百年，此時閱讀他的社會學定調之作《社會學方法的規則》尤其應景。但大多數讀者或許對涂爾幹感到陌生，也不太了解社會學是什麼，尤其處於二十一世紀的今日，離開涂爾幹的著作脈絡已經超過一世紀，如何能夠跨越這其間的知識與社會落差，並不容易。

因此，爲了便利讀者進入本書的脈絡，以下將分三大部分來介紹作者與本書的重要背景。第一部分介紹涂爾幹的生平背景，使讀者認識這位作者在大環境中的意義。採取的方式是以涂爾幹自己的「社會形態論」（morphologie sociale），使讀者知道作者也是在社會的力量作用下，才有這樣的作品出現。第二部分介紹涂爾幹著作的特性，藉由著作的功能，提醒讀者要知道涂爾幹這些重要作品的知識傳統（承）與創新的意義。第三部分則說明涂爾幹在此書中的章節結構意義，另亦選取書中若干重要關鍵詞做重點說明，讓讀者可以掌握某些關鍵概念，俾利閱讀。

一、作爲社會人的涂爾幹

英國社會學家紀登司（Anthony Giddens）有一本已經成爲的經典社會學理論入門書，是以古典社會學三大家的著作爲主要介紹對象（Giddens，一九七一）。在此書中有一段在比較馬克斯（Karl Marx）、韋伯（Max Weber）和涂爾幹的背景，紀登司認爲三人之中，涂爾幹受到時代政治的牽扯最少。這種說法只對了一半，因爲涂爾幹的著作雖未直接面對衝突性的社會議題，他個人卻深受時代影響。涂爾幹生於法國，又加上猶太人的身分，使他進入到一種歷史宿命的隙縫間，終於可以發展出重要的社會學主張。他的學習歷程和學術生涯深受普法戰爭和第一次世界大戰等重大歷史事件的影響，在他生命中幾個階段轉折的時刻，總不免有著「社會」的力量在左右其抉擇與結果。其實我們可以用涂爾幹自己提出的「社會形態學」，來概略理解這位法國「社會學之父」自身的處境（milieu）與生涯。

涂爾幹是在一八五五年四月五日於佛日省（Vosges）的埃比納勒（Epinal）出生。這個城市靠近德、法邊界，當時是在法國第二帝國的治理之下，也就是在人們熟知在德法兩國之間切來割去的洛林（Lorraine）省範圍內。一八七〇年普法戰爭時，埃比納勒扮演相當重要的戰略角色：既被普魯士軍隊占領，又被法國視爲前哨重要據點。這些關於戰爭的事物成爲涂爾幹青少年生活的一部分。另一方面，阿爾薩斯（Alsace）和洛林地區是猶太人落腳法國最多之處，涂爾幹一家出現在此並不稀奇。涂爾幹的父親是拉比，就是猶太教的神職人員，在帝國之下享有國家提供的最起碼的經濟保障。身爲老么，涂爾幹出生時，父親已經五十三歲。

雖然深受猶太教育影響，但涂爾幹卻以學校優秀的課業表現，選擇走向學術之路。他在一八七五和一八七六年分別取得文學類和科學類的中學文憑（baccalauréate），並且他在徵得父親的同意下，沒有承繼猶太神職的工作，反而隻身前往巴黎，註冊到路易大帝（Louis-le-grand）高中，預備進入高等師範學院。當時的高等師範學院是頂尖的學術殿堂，嚴格選拔入學生，路易大帝中學和亨利四世中學之類的明星中學設有預備班，讓學生準備入學考試。涂爾幹在預備班中就遇見未來的同學與法國知識界的重要人物，像是尙・饒勒斯（Jean Léon Jaurès）、柏格森（Henri Bergson）等人。但因許多因素①，涂爾幹歷經兩次落榜，直到一八七九年夏天才考入高等師範學院。這時他已經二十一歲了。

在高師求學期間，涂爾幹沒有跟隨當時主流哲學路線，反而跟隨學院邊緣的老師，像是

① Fournier（二〇〇七）認爲至少有幾個重要因素讓涂爾幹無法一次考入巴黎高等師範學院：在經濟方面，涂爾幹家裡可以提供的資源有限；在社會方面，涂爾幹的外省背景造成他在巴黎處於社會孤立與心理孤獨的情況；在知識方面，預備班提供的哲學內容極其無聊；以及在學校環境方面，預備班的課程設計嚴格卻保守。當然還有一些個人因素，包括父親的健康以及因爲戰爭延遲了他到巴黎的計畫等。

古龍哲（Naum Denis Fustel de Coulanges）這種醉心於實證歷史的學者。古龍哲的理念在於長時段且要掌握制度的效果，而不僅成爲社會學的先驅者，也影響法國史學傳統。涂爾幹喜歡的老師還有新康德主義的Charles Renouvier和Emile Boutroux等。另外還有歷史學家Gabriel Monod。這些老師對涂爾幹後來朝向實證社會學的發展影響很大。

高等師範學院的哲學訓練，主要是爲中學哲學教育預備師資。涂爾幹在這種教育制度的期待下，於一八八二年畢業後，十月起首先在Puy中學擔任哲學教師。一個月以後，轉到在巴黎東南邊九十公里遠之外的Sens中學任教，一八八四年又換了另所中學。從他頻於轉換學校，多少也看出其對中學教職並沒有太大熱忱，然而他在這段期間，爲了備課，大量閱讀包括塞涅卡、古諾等人的著作，並重新閱讀他的老師古龍哲和里博（Armond Ribot）的作品。另外，他也接觸當時一些談論社會學的作品，而其中投入最多的是史賓塞（Herbert Spencer）。

在兩年中學的教學經歷之後，一八八五年涂爾幹先在巴黎註冊博士班，然後於一八八六年初得到一筆獎學金，出發去德國遊學一年。這一年的旅德經歷對涂爾幹影響很大。當時德國的實證研究風氣極盛，像是有生理學訓練背景，以自然科學方法投入心理學研究的馮特（Wilhelm Maximilian Wundt），其實驗心理學尤其引發涂爾幹高度興趣。涂爾幹因此去了柏林和馬堡，並最終選擇到馮特所在的萊比錫駐點。一年之後，涂爾幹回到中學任教，並將旅德所學撰成論文，發表於《哲學評論》（*Revue philosophique*）這份期刊上（這份期刊正是他的老師里博在一八七六年創辦的）。

一八八七年，因國家推動改革大學社會科學教育的計畫，時年二十九歲的涂爾幹，以其稍早發表的論文獲得關注，而得被當時的教育部長點名受聘於波爾多大學擔任社會科學和教育學的教席。波爾多大學是一所在外省充滿活力的大學，允許涂爾幹盡情發揮。一八九三年三月，三十四歲的涂爾幹於索邦大學完成博士論文口試。這份論文成為他生平第一部重要的著作：《社會分工論》。同時，他也把發展這部著作過程中的方法反思，以單篇論文的方式發表，於一八九二到一八九四年間陸續刊登在《哲學評論》。這些文章到一八九四年底才集結成冊出版，即《社會學方法的規則》這本書。

一八九六年，涂爾幹為了聚集對其社會學主張有共同認知的學者，更進一步創辦了一份專業學術期刊，取名《社會學年鑑》（*Année Sociologique*）②。這份期刊對於制度化涂爾幹的社會學理念非常重要。在往後數十年間，養成並傳承以涂爾幹思想為核心的社會學、民族學以及宗教研究等領域的學者。

在創辦《社會學年鑑》之餘，涂爾幹更在一八九七年完成了示範並且驗證本書方法論的名著《自殺論》。在這些學術成果展現之後，涂爾幹儼然成為領域內的重要人物。他重返巴

② 第一期的《社會學年鑑》是一八九六年，但是一八九八年才刊行。

黎是遲早的事。但一直要等到一九〇二年，四十四歲的涂爾幹才如願回到巴黎，任教索邦大學。到巴黎之後的涂爾幹，開啓另一段不同的學術生涯，但已超過本書的時代，就暫不再多談。然而，綜觀涂爾幹的族裔、家庭、學校與經歷過的時代，這位社會學之父一方面確實受到各種社會力量的支配，這其中包括他的家庭、出生所在、求學的制度環境、學科的競爭等，都使得大部分情況下處於「邊緣」的涂爾幹，有機會被推向學術的「核心」位置；另一方面卻也透過他所提出來的社會學理念，影響了後來整個學科的走向，甚至學科的命運。

二、成爲社會學家的涂爾幹

涂爾幹不像馬克斯著有改變世界的《資本論》，也沒有韋伯生前未能完成的巨作《經濟與社會》，但他生前僅有的四本正式著作：《社會分工論》（一八九三）、《社會學方法的規則》（一八九四）、《自殺論》（一八九七）以及《宗教生活的基本形式》（一九一二），卻對社會學奠基有重大的貢獻。今天我們可以看到涂爾幹除了這四部書，在不同時期也有許多著作出現，這都是後人根據他的期刊論文、課堂講義、或演講內容編輯出來的作品，而非涂爾幹生前預定出版的書。

這四部書的前三本：《社會分工論》、《社會學方法的規則》和《自殺論》，都是在波爾多時期、他的人生精華三十五到四十歲之間的研究成果。只有最終的《宗教生活的基本形式》才是巴黎時期的作品，而此書與前三本也有相當大的差異，可以視爲某種斷裂。事實上，法國學界自《社會學方法的規則》出版開始，就對此書充滿各種的議論。這部分的討論可以從涂爾幹親自爲此書所作的第二版序言中看出來。但到一九一〇年代中期之後，就少有人再討論這本書了，其中一個原因是涂爾幹已不再進行實質的研究工作。然而涂爾幹已完成的著作本身就是一種與既有學術傳統的斷裂。

涂爾幹的這些作品，至少爲他的社會學事業提供了以下三大功能：對話、建立學科以及建立學派。對話是爲了主張「社會學不是什麼？」；建立學科則在定位「社會學是什麼？」；而建立學派則更進一步主張「社會學應該怎麼做？」。

(一)著作是為了對話

首先，任何嚴謹的學術論著，一定有其對話的對象，一方面作爲知識的傳承，另一方面也是知識超越之標的。涂爾幹在中學任教時，潛心研讀的史賓塞和孔德，就成爲在《社會分工論》和《社會學方法的規則》中的對話對象。稍後的《自殺論》則轉向以塔德（Gabriel Tarde）。晚期的《宗教生活的基本形式》是以當時主流的宗教研究（尤其是民族與人類學者），以及實用主義學者爲對象。

《社會學方法的規則》這本書中直接引用的資料，最多的三人是史賓塞、孔德與彌爾（Mill），尤其是前兩位占極高的比例。涂爾幹的對話策略在拉攏與切割，他論述的基本形式是：「雖然○○○主張的×××很好，但我認爲應該是另一種方式。」是透過這種先拉攏，再切割排除的方式，讓自己成爲未知領地的界定者和擁有者。

大部分社會學史的論述，會主張涂爾幹是承繼孔德，坐實了實證的社會學傳統。就從本書開頭的引言來看，涂爾幹似乎要直接與史賓塞對話，把《社會學研究》（*The Study of Sociology*）[③]作爲首要的批判對象。然而就這本書的整體對話內容來看，會發現涂爾幹對孔德的批判，更甚於對史賓塞。書中引用孔德的部分，不在於延續，而在於斷裂，都在說明他的社會學理念與孔德不同之處。舉個例子，在第五章第四節論及社會與自然的關係時，涂爾幹在本文中明白指出他不同意史賓塞的自然論，卻另用註腳的方式，指摘孔德「持極其模糊折衷主義」。這種從拉攏到切割的姿態隨著章節愈到後面，愈加明顯。

涂爾幹與孔德相同之處，在於兩人都主張社會學是一門科學，也是一門獨立的科學。至於對這門科學的認知內涵，就有了很大的歧異。最大的歧異，在於涂爾幹所主張的，必須爲這門科學的「方法」建立規則，而不是只有停留在純概念的抽象層次。或可說孔德在科學的新世界裡爲社會學保留下一片山林，但卻未提供人們在其中的生存之道。涂爾幹則進入這片山林，擬定墾殖開發的計畫方針。也因此我們可以看到一旦眞正需要去面對社會學研究的實

③ 這本書也是第一本被翻譯成中文的社會學著作，也就是嚴復所翻譯的《群學肄言》。

際操作時，涂爾幹就必須與純理念式的孔德切割了。

㈡著作是為了建立學科

有對話，也有參照。對話的對象是同樣主張社會學的近代或同時代的人，參照的則是不同關心對象的其他學科。涂爾幹最大的貢獻在於使社會學成爲一門獨立的學科，除了在大學裡成立社會學系，更以著作來建立學科的疆界。除了哲學原本就是涂爾幹以社會學來挑戰的對象，這本著作中有相當多處在比較生物學、心理學和社會學。涂爾幹曾以一段文字清楚表明他對社會學的主張：「社會學既非『心理學的一章』，也不『仰賴生物學』。」這是因爲社會學常常一方面被看成是心理學的衍生，或完全包含在心理學之內；另一方面則有主張社會現象其實是生物屬性決定的，或可以藉由生物有機體的概念完全對照解釋。

在涂爾幹的認知中，社會學雖接近心理學和生物學，甚至也從中借用一些概念原則，卻是完全不同的領域。涂爾幹的社會學借用了心理學的情感、卻是以集體情感的方式呈現，是獨特的。而對照於生物學的方面，涂爾幹視社會爲有機體，是自然的，卻非生物體一般從遺傳、物質來決定一切，而是作爲「社會型態學」的基礎，就是透過數量、密度等可以衡量的「自然」屬性，證成社會的確就是「事實」。因此，涂爾幹顯然把心理學的個人性排除，把生物學的物質性排除，將心理學的心理與生物學的自然結合成爲社會學。涂爾幹的工作就是從其他已經被接受的學科中，汲取其可以操作運用的特質，作爲建立自己學科的基礎。這與本文後段要談到的「分類」原則有共通的精神。

㈢著作是為了建立學派

這本書不僅提供社會學方法論，更涉及在社會本體論（ontology）上的激進主張。對涂爾幹而言，社會既非同政治哲學裡的利維坦（Leviathan）般完全在於個人之外，也不是單純地將個人加總起來，而是一種特別的加工，使得社會是來自於所有的個人，卻具有獨特的、具有自身屬性的存在樣式。這種世界觀，相當程度符合人們處於群體之中的感受，在很多情況下，個人雖然參與在群體中，構成了群體，但個人卻沒有選擇的機會，必須臣服於群體運作的規範，是一種施加於個人身上的力量。涂爾幹讓這種感受可以成為科學分析的對象。

涂爾幹同時代有一些學者，也以社會學家的身分，提出不同的社會學主張。其中比較積極且知名的有塔德和沃爾姆斯（René Worms）等人。當然在同時代也有不少關懷社會議題的學者，也多與社會學沾得到邊，像是Frédéric le Play或Jean-Marie Guyau等人，但這些學者卻沒有將社會學建制成為一門學科或建立學派的野心。因此，以下僅就沃爾姆斯和塔德的情況作進一步說明。

沃爾姆斯比涂爾幹小十一歲，是高等師範學院的學弟。沃爾姆斯出身學術世家，父親是政治經濟學教授。他自己則得有哲學、法律、文學、科學和經濟等多個博士學位。為了讓社會學成爲一門學科，沃爾姆斯做了許多事，尤其在一八九三年創辦《國際社會學評論》（*Revue internationale de sociologie*），一份比涂爾幹的《社會學年鑑》還早兩年的期刊。他還同時創立「國際社會學院」（Institut International de Sociologie），每三年辦一次論壇，且每年出版一期年鑑。相較於涂爾幹的學院工作，沃爾姆斯顯然更爲積極。但可惜之處在於沃爾姆斯的努力並沒有像涂爾幹有清楚的框架，可以界定出什麼是社會學；他也沒有一群像涂爾幹的子弟兵，可以傳承並捍衛社會學的地位。最終這份期刊的社會學地位也廣被質疑。雖然在涂爾幹陣營中有少數人最終倒戈投向《國際社會學評論》（像是接替涂爾幹在波爾多大學教席的Gaston Richard），但終不能勝過《社會學年鑑》。

涂爾幹眞正在乎的其實是當時想要把法蘭西學院的「現代哲學」（philosophie moderne）講座改名爲「社會學」講座的塔德。事實上，在本書第二版的序言中，涂爾幹就清楚表達自己的位置是與塔德完全對立的。塔德是在涂爾幹進入社會學領域以及建立社會學王國的主要假想敵（Bensard, in Borlandi & Mucchielli 1995:241）。在這本書中，涂爾幹已經預備了對話的姿態，而在下一本書《自殺論》，就展開了全面攻擊。

塔德的社會學主張始於一八九〇年出版的《模仿律》（*les lois de l'imitation*），是他在長期研究犯罪學之後，對「社會爲何？」的根本回答。塔德認爲模仿就是社會，是個體間的模仿效果累積成爲社會，因此有多少個體，就造成多大的社會，社會並不會比個體的加總更大。這與涂爾幹的主張不同，涂爾幹認爲社會是外在的，而且大於個體加總。塔德以接續

《模仿律》之後的一系列著作，包括《社會律》、《社會邏輯》、《經濟心理學》等，並藉其在法蘭西公學院的優勢地位，意圖建立起社會學的正統地位。因此，涂爾幹在一八九七年出版《自殺論》中，就特別用了一章來挑戰塔德的模仿律，更以「社會事實」抵抗塔德的「模仿即社會」之說。

塔德有法蘭西公學院的優勢位置，也為當時許多重量級學者支持，包括涂爾幹的高師同學柏格森。但是相較於涂爾幹致力建立「學派」，也有清楚的社會學方法論（即本書訂定的規則），塔德一系列的著作卻沒能傳承下來。塔德在一九〇四年過世，而那時涂爾幹才剛從波爾多到巴黎，預備建立起他的社會學王國。在著作與制度的支持下，涂爾幹終究可以在社會學的歷史中成為主角。

三、涂爾幹式社會學的關鍵概念

從以上涂爾幹的生平及成為社會學大家的背景說明中，可以看出《社會學方法的規則》這本書的重要性。此書除去導言與結論，內文共有六章。一般讀者最為熟悉的是第一章，就是對「社會事實」的定義。而第二章就是開啓以科學途徑來研究社會事實的「規則」說明，並依照此種說明的方式，依序在接下來的四章裡介紹「分別正常與病態」、「建構社會類型」、「解釋社會事實」與「證據處理」（administration de la preuve）的規則。我們可以從這幾章的重點中，整理出涂爾幹在《社會學方法的規則》中揭示的主要研究步驟：定義（définition）、觀察（observation）、分類（classification）、解釋（explication）和證據處理（Steiner，二〇〇五）。

對於可能是第一次接觸社會學，或稍具社會學背景，卻尚未眞正閱讀過涂爾幹原典的讀者而言，進入閱讀這本書的障礙，除了原本的法文表達方式之外，最關鍵的部分在於涂爾幹的專有語彙，同時也是貫穿全書的核心概念。因此，以下將以四組關鍵詞來重新建構這本社會方法論之作。

㈠定義（définition）與規則（règle）

涂爾幹在本書第一章所下的標題「什麼是社會事實？」，就是爲了透過「定義」來進入到對社會現象的科學研究。爲了實證的可操作性，涂爾幹使用「定義」來確認名詞所指稱的範疇，以排除不必要的意義追索。因此，有別於哲學上的定義（définition philosophique），本書所稱的「定義」純粹就是一種科學上供操作使用的「條件式定義」（définition critériologique），或者也可稱是操作型定義。唯有透過進入研究之前的操作定義，才得以確認出作爲對象的「事實」，得以予以觀察和量測。

定義是社會學研究的第一步，也是科學工作的基礎。就如同把走一段路的距離對應到用掉的時間定義爲「速度」，或把用肺呼吸空氣的溫血脊椎動物定義爲「哺乳類」一樣，社會學也需要有這種預備工作，才能進一步投入研究。顯然定義是由人決定的，是人工的（artificial），並不是自然給定的。定義恰當與否，也就影響到研究能否有效。因此，涂爾幹必須用一整章的篇幅來定義「社會事實」。

也是在「定義」下，才有了這本書的核心理念：規則。有人把這個詞譯爲準則。但就涂爾幹原意，是爲了操作社會學的方法，而且也爲了處理社會學對象之間的關係。涂爾幹在第二版序言中提到：「……規則既非任何形而上的思想，亦非任何存在本質的思辨。其用途，就是讓社會學家處於物理學家、化學家、生理學家的思想狀態，就是當他們投入到一個尚未被開發、屬於他們的科學領域時。」就好比行路或開車，必須知道哪裡可行，應該遵守何種共同接受的原則，這就是「交通規則」。了解交通規則，即便到不熟悉的地方，也不會與其他用路人發生衝突。故以規則稱之爲宜。

涂爾幹在第一章定義了社會事實之後，接下來的幾章都在說明規則。換句話說，在定義之後，社會學者才有辦法從事觀察、分類、解釋和證據處理等實證工作，而且是建立在各個階段應該遵循的原則基礎上。當然，爲了規則的設定，涂爾幹必須先有他的社會觀與世界觀。規則本身反映出操作者對社會的基本預設。若有預先存在的社會，透過規則的確認，就可找到「顯著的」關係。因此，涂爾幹更進一步指出規則會反映出社會現象具有的普遍性。如果現象的出現非常頻繁，這種穩定的狀態，就是表現爲「正常」。於是，透過規則，確立了何謂「正常」（normal），以及相對於此的「病態」（或「不正常」）。這與實驗操作下，如果符合條件的設定，就會表現出顯著的實驗結果一樣，是作為實證科學的基本特徵。

㈡社會事實（fait social）與事物（chose）

涂爾幹定義社會事實爲「所有無論固定與否的行爲方式，能夠對個人施予來自外部的限制，或可說是普遍且全面已然自存於一個既定社會中，而不受個體的表現所影響者」。這個定義幾乎就是涂爾幹社會學的全部了：社會事實的確立也確保了社會學的獨特性與獨立性。換言之，社會學是以科學的方法來處理社會事實，是有了可以被界定清楚的、作爲被研究的標的社會事實，才有作爲科學的一門社會學之可能。

社會事實一方面是「社會的」，就是超越個體，在群體層次上，另一方面又是「事實」，也就是具體存在，是可以被客觀觀察分析的對象。社會事實不是自然而然就可以表現出來，有時必須經過社會學家的處理。最典型的案例當然就是涂爾幹自己在《自殺論》裡的示範：將個人行爲層次的自殺，轉變成爲集體層次的「自殺率」，對應於不同社會而來的差異自殺率，就成爲社會事實。但社會事實仍然相當抽象，涂爾幹因此以「事物」來對照說明這個概念。

事物的確認對於界定社會事實有相當大的幫助，即如第二章開宗明義就稱：「第一條也是最基本的規則是把社會事實視同事物」。另外，透過事物間的關係，類似自然科學的研究操作也就有了可能。在全本書單數或複數的chose共出現一百五十次，平均每頁出現一、兩次，顯現其重要性。在大部分的中譯著作裡，都把這個詞直譯爲「物」，但似乎譯成「事物」比較貼切。因事物並不完全等同於物質性的物，不同於物理學處理的自然之物。社會中的事物具有部分實體物的屬性，像是可以被界定出客觀的、穩定的、外在於人的、且可以被分析的屬性，但卻沒有重量、體積等物質性的特徵。

涂爾幹在開展自己的社會學時，受到康德（Kant）影響甚巨，或有稱之將康德社會學化（林端，二○○八年）。「事物」的概念雖也承繼康德，但在涂爾幹的用法中，卻泛指一切不能化約爲個人意識內部的理念秩序，而只能從外部來認識的對象。這樣的事物不能被個人的意志所改變，卻未必是眞的如石頭、樹木或杯盤等實體之物。涂爾幹認爲無論孔德或史賓塞都沒能把社會事實是個「事物」的事實講出來，即便他們已經在社會之中看到如同自然的事實了。

其實把社會現象看成事物在我們的文化中是相當直覺的。我們常說某人在「搞什麼東西」，其中的「東西」並不是個物品，而是某件事、某種可以被理解的對象。但一般人並不容易把這種習慣講法抽象化。涂爾幹就是透過定義，透過進一步處理而將其限定在個人之外，在群體層次上，成爲可以經驗分析的事實。這就是涂爾幹對社會現象的經驗科學化與社會學化。

㈢分類（classification）與解釋（explication）

涂爾幹在本書第四章第一節中主張爲科學活動中最重要的、相互關連的兩個部分，就是分類與解釋。正是這兩部分的規則構成了全書中對孔德的回應最爲核心的兩章，也是這兩個詞，代表著涂爾幹社會學知識的基本形式與功能。這對後來整個實證社會學的發展影響甚大。

這兩個社會學的基本知識型，同樣也受到其學科根源的影響。在涂爾幹時代，生物學的主要工作就是分類。生物學家的主要工作在尋找新的物種，並將之收編在界門綱目科屬種之類的分類體系中。這尤其在達爾文的物種起源發表之後，更顯重要。是透過對物種的合理分類，使得人們有系統地認識世界樣貌，並進而得以治理生物世界。涂爾幹因此借用了生物學的「種」（espèce）而成爲「社會種」（espèce sociale），作爲社會類型的初步理念。

雖然分類的概念取自生物學，但涂爾幹仍然有對社會學的堅持，尤其在「有機體」的類比方面。他不認爲社會與生物一樣有生殖的功能，能夠透過內在的決定因子、以穩固的形式抵擋外部環境。他主張社會高級社會是由低級社會再現而成，例如結合了不同的民族而成的羅馬帝國。他因此設想進一步區分出在各種社會中的某些基本形式，認爲是這些基本形式的融合構成了高級社會。

在這本書中，分類雖然是社會學研究的重點之一，卻僅以有限的篇幅來討論。書中大部分關於分類的議題仍然集中在《社會分工論》一書衍生出來的想法。然而分類卻是涂爾幹晚期很重要的研究工作，除了《自殺論》中區辨出來的自殺類型，另有一九〇三年與牟斯合著發表在《社會學年鑑》的〈原始分類〉（Durkheim and Mauss，一九〇三），甚至整本《宗教生活的基本形式》都在處理分類的議題。

分類雖然重要，但涂爾幹的分類最終還是爲了解釋。解釋不同於描述，如果只是交代狀況，僅能把已經知道的更清楚呈現出來，無法明白事物背後的邏輯原理。因此，解釋是必要的，就是透過在類別中或類別之間的不同對象，尋求彼此之間的屬性關係。涂爾幹期待的是社會學的解釋，就是以「社會事實」解釋「社會事實」，讓社會現象的原理邏輯揭露出來。另外，以社會事實解釋社會事實的意義也在排除個體的因素，也就是不能以個人意識來解釋。

涂爾幹認爲解釋應該包括兩個部分，就是針對一個社會現象，必須探討其「原因」與「功能」。社會事實是某些作爲原因的社會事實所造成的，而一個社會事實又會對其他的現象有作用，因此有了功能。是在對社會事實的關係確認中，建立起對社會世界的解釋。舉例而言，「宗教信仰」、「社會規範」和「自殺率」都是社會事實。涂爾幹因此可以對自殺率進行分析，找出其中有一種造成自殺率上升的「原因」是「社會規範」的失效。而「社會規範」其實是「宗教信仰」的「功能」。因此，「社會規範」同時是某個社會事實的原因，又是另一個社會事實的功能。這就排除了個人或主觀的解釋，眞正成爲社會學的解釋。

(四)意識（idéologie）與環境（milieu）

在主張生物學或有機的部分，涂爾幹對照的是idéologie。這個詞在現代社會學教科書中普遍譯作「意識型態」，有強烈的社會學意味。但在涂爾幹這本書裡的用法很單純，就只是指個體存在的意識效果，這種屬於人類本性（nature humaine）的心理現象是先於社會學的，也因此並非社會學分析的對象。④如同上一段我們說明「解釋」的意義時，引用了社會規範的例子一樣，個人因素是必須被排除的。

相對於先於社會學且不屬於社會學分析對象的個人意識，涂爾幹更強調個體所面對的「環境」。milieu這個詞也可以是「處境」的意思，在晚近一些處理交互主體性（intersubjectivity）的脈絡研究中，milieu有更爲複雜的意義，或稱之處境更爲宜。但在本書中，有學者認爲涂爾幹受到貝赫納（Claude Bernard）生理學實驗研究論的影響，翻譯成「環境」應該沒什麼問題（Hirst，一九七五；菊谷和宏，二〇一八：頁二五八）。

本書第二章開頭第一段就提到了：「人只有在事物的環境中才能夠產生概念來控制行爲」。這裡的環境明顯是指稱對人造成影響、使人們可以回應的週遭事物所構成，如同在生

---

④ 值得注意的是在涂爾幹後期的作品中，尤其是《宗教生活的基本形式》裡面，idéologie是社會性的，是不同的用法。

理學實驗中，可以操控而確認其對生理現象有作用的環境因子。因此，在意識與環境的對照中，我們看出涂爾幹所認知的社會與個人關係：個人意識不會影響社會事實，但社會事實卻是個人行為的重要決定因子。

其實我們可以回頭來看涂爾幹的所謂「社會形態論」，其實也是一種環境論，是以某些社會事實的數量變化作為條件因子，藉以探討其對個體的作用，如同在涂爾幹所處的時代中，「對猶太人的集體心理狀態」、「對明星高中和頂尖學院的價值意識」、「社會學主流的集體認識」等，都作用在作為社會人的涂爾幹身上一樣。這樣的力量，在涂爾幹的時代存在，在今天也依舊存在。

四、衍生閱讀

本書畢竟是一本方法論之書，而且也是單篇論文集結而成，相對比較枯燥。另外，因翻譯之故，有些概念也不太容易直接掌握。這些都需要讀者稍有耐心來閱讀。所幸目前已有的中文譯本版本中，目前這一版算是比較貼近原文，可讀性也比較高。若讀者有心想要更進一步掌握本書方法論的運用，或對涂爾幹的社會學體系概念有興趣，建議可以配合本系列稍早已經出版的《自殺論》一併閱讀。另外，本文一開始提到紀登司所著的《資本主義與現代社會理論》，也是可以對照來看的參考資料。

參考文獻

林端（二〇〇八），〈涂爾幹《自殺論》導讀〉。出自馮韻文（譯），《自殺論》。臺北：五南出版，頁五—二十八。

菊谷和宏（譯）（二〇一八），《社会学的方法の規準》。東京：講談社出版。

Borlandi, Massim and Laurent Mucchielli (eds.) (1995). *La sociologie et sa méthode. Les règles de Durkheim un siècle après*. Paris: l'Harmattan.

Durkheim, Emile and Marcel Mauss (1903). De quelques formes primitives de classification: contribution à l'étude des représentations collectives. *Année sociologique*, 6, pp.1-72.

Fournier, Marcel (2007). Emile Durkheim (1858-1917). Paris: Fayard.

Giddens, Anthony (1971). *Capitalism and Modern Social Theory*. Cambridge: Cambirdge University Press.

Hirst, Paul Q. (1975). *Durkheim, Bernard and epistemology*. New York: Routledge.

Steiner, Philippe (2005). *La Sociologie de Durkheim*. Paris: La découverte.

出版說明

一九三八年，孔德（Auguste Comte）在其《實證哲學教程》一書中，首次提出了「社會學」這一名稱，從此，社會學經歷了最初的創立階段、制度化發展階段，第二次世界大戰後又進入當代發展階段。雖然其內容、流派已由單一走向多樣化，但其中最基本的主要著作自始至今都有著重要的影響和作用。涂爾幹的《社會學方法的規則》一書就屬此類。

涂爾幹（Emile Durkheim，一八五八—一九一七，法國著名社會學家，社會學的重要奠基者之一。一八五八年四月十五日生於法國孚日省埃皮納爾一個小城鎮的猶太教士家庭，早年曾繼承父志做一名拉比。一八七九—一八八二年就學於巴黎高等師範學校，一八八二—一八八七年在桑斯、聖康坦、特魯瓦等地的許多中學任教，一八八五—一八八六年赴德遊學，深受實驗心理學的創始人馮特的讚賞。一八八七年起，在波爾多大學教授社會哲學，一八九一年被任命爲法國第一位社會學教授。一九〇二年後執教於巴黎大學。一八九八年，他創建了法國的《社會學年鑑》，以這個刊物爲中心，一批年輕學者組成了一個社會學家的團體——社會學年鑑派。一九一七年十一月十五日於巴黎逝世。

涂爾幹一生致力於建立法國社會學。他創立的「社會學年鑑派」對法國乃至西方社會學都產生了深遠的影響。他的社會學思想最早見於其博士論文《社會分工論》（一八九三年），其中提出的社會秩序和社會整合問題，還貫穿在他的另外幾本主要著作如《自殺論》（一八九七年）、《宗教生活的基本形式》（一九一二年）之中，也是他的社會學思想的主要內容。他對社會學的另一重要貢獻，體現在他的《社會學方法的規則》一書中。在該書中，他爲社會學確立了有別於哲學、心理學、生理學的獨立研究對象：社會事實。社會事實的存在不取決於個人，它先於個體的生命而存在，比個體生命更持久，它由先行的社會事實所造成，並以外在的形式強制和作用於人們，塑造人們的意識。社會高於個人，社會事實不能用生理學、個體心理學等研究個體的方法來解釋，必須採用社會學的方法、觀點來解釋。書中用較大篇幅論述了觀察和說明社會事實的原則，同時提出了功能和因果分析的思想以及功能與歷史原因的區分。

涂爾幹還把他在《社會學方法的規則》中所提出的基本理論與經驗研究密切結合。他運用統計方法對自殺現象的研究，用人種學資料對澳洲土著居民進行的宗教研究，是社會學的理論研究與經驗研究相結合的範例。

本書最早出版於一八九五年。由於本書在社會學中的重要地位，一九二九年，上海商務印書館就出版過著名社會學家許德珩先生的譯本。我館考慮到當前社會需要和中青年讀者的閱讀習慣，決定重譯這本書。中譯本依據的是法國巴黎菲力克斯·阿爾岡出版社一九一九年的版本。此版附有作者所寫的第一版和第二版序言。

商務印書館編輯部
一九九五年九月

第一版序言①

由於人們不大習慣科學地看待社會事實，所以本書中的一些命題可能會使讀者感到驚訝。但是，既然存在著一門關於社會的科學，我們就應該希望這門科學不應是對傳統偏見的簡單複述，而應使我們以不同於常人的眼光來看待事物，因爲凡是科學，其目的都在於發現，而凡是發現，都要或多或少地動搖既有的觀念。因此，除非使常識具有它在其他科學裡早已不復享有的權威——但不知從何處獲得這種權威——，否則，在社會學中，學者就得按照科學的方法進行研究，並對自己的研究結果堅決表現出無所畏懼的態度。如果說尋求悖論是詭辯行爲，那麼，當事實要求人們必須悖論時而回避之，則是怯懦和不相信科學的表現。

不過，從原則上和理論上接受這項規則容易，而要堅持不懈地運用它就不容易了。我們還太習慣於按照常識的指引來解決所有這些問題，所以很難將常識與社會學的討論徹底分開。甚至當我們自以爲擺脫了它的影響時，它也會趁我們沒有防備而把它的決定強加於我

① 法文版第一版只稱《序言》，第二版後因加進《第二版序言》，而改稱《第一版序言》。——譯者

們。只有長期不懈的專注實踐，才能使我們避免這樣的失誤。因此，我請讀者也不要忽視這一點。希望讀者永遠銘記，最常用的思維方式可能最有礙於社會現象的科學研究，所以大家應當警戒第一印象的影響。如果讀者喪失警惕，任第一印象發揮影響，則很可能沒有理解我的意思而對我妄加批評。比如，可能指責我容忍犯罪，說我把犯罪視爲是正常社會學的現象。②然而，這一指責是很幼稚的，因爲在所有的社會裡，出現犯罪本是正常的，而對犯罪進行懲罰也並非不正常。建立鎮壓制度與出現犯罪行爲一樣，都是普遍存在的事實，它對於保障群體的健康是必不可少的。要想沒有犯罪，就得使每個人具有同等水準的意識，而根據我之後將要敘述的理由，這種同一水準是不可能的，也是不合眾意的。但是，要想沒有鎮壓，就得沒有道德的同質性，而若沒有道德的同質性，社會就不能存在了。但常識卻從犯罪是醜惡的和令人憎惡的這一事實出發，錯誤地得出犯罪應該完全消失的結論。看問題慣於簡單化的常識，不理解令人憎惡的事物還會有什麼有益的存在理由，不理解這並沒有任何矛盾。有機體不是也有某些令人討厭的功能，但它們的正常作用卻是保證個體的健康所不可缺少的嗎？我們不是討厭疼痛嗎？可沒有不知道疼痛的人，除非他是一個怪物。一種事物的正常性與人們對它的反感，甚至會有緊密的相互關係。我們說疼痛是正常事實，那是在人人都

---

② 關於犯罪是正常社會現象的論述，見本書第三章之三。——譯者

不喜歡疼痛這個條件下說的。我們說犯罪是正常現象，那是在人人都討厭犯罪這個條件下說的。③我的方法並無任何革命的內容，從某種意義上來說，它在本質上甚至是保守的，因爲它把社會事實作爲事物來考察，而這個事物的性質，儘管十分柔韌和可塑，但不能隨意改變。那種認爲社會事實只是心靈的產物的理論該有多麼危險！因爲稍加邏輯推理，這個產物便立即崩潰瓦解了。

同樣，因爲人們已經習慣於把社會生活視爲觀念上的概念的邏輯發展，所以可能認爲那種使團體生活的進化依賴於空間所限定的客觀條件的方法是拙劣的，從而可能把我說成是唯物主義者。但是，我更有理由要求人們給我以相反的稱呼。其實，唯靈論的本質不就是認爲精神現象不能直接產生於有機體現象這一思維嗎？而我的方法只是部分地將這一原理

---

③ 但有人會反駁說：如果健康也包括令人憎惡的因素，那怎麼能像你在後面所說，把它視爲是行爲的直接目的呢？這一點也不矛盾。往往有這樣的情況：一種事物，從其結果來看，有些是有害的，有些是有益的，甚至是生命所必要的。然而，即使不良的結果常被相反的影響所抵消，實際上並沒有引發有害的作用，那它仍然是令人憎惡的，因爲它本身畢竟就是一種危險，而這種危險只能借助於相反的力量才能避免。犯罪就是這樣一種情況。如果刑罰發揮了正常作用，犯罪給社會帶來的危害就會受到抵制。由此可見，可以在不讓犯罪產生它可能造成的惡果的狀態下，使犯罪與社會生活的基本條件保持一種我在後面將要談到的積極的關係。但是，不能因爲使犯罪成爲一種所謂的無害行爲，就說憎惡犯罪沒有根據了。

應用於社會事實而已。如同唯靈論者把心理學領域與生物學領域區分開來一樣，我也把心理學領域與社會學領域區分開來；並與他們一樣，我也拒絕以最簡單的東西來解釋最繁雜的東西。然而，認眞說來，無論是唯物主義者還是唯心主義者，用在我頭上都不準確。我唯一能接受的稱號是理性主義者。實際上，我的主要目的在於把科學的理性主義擴展到人們的行爲中去，即讓人們看到，把人們過去的行爲還原爲因果關係，再經過理性的加工，就可以使這種因果關係成爲未來行爲的規則，人們所說的我的實證主義，不外是這種理性主義的一個結果。④要想超越事實，在事實之外去理解和指導事實，只有把事實看成是不合理性的東西才行。如果事實是完全可以理解的，那對科學與實踐而言就都足夠了：因爲對科學來說，這時沒有理由在事實的外部去探求其存在的理由；因爲對實踐來說，事實的有利價值就是其存在的理由之一。因此我認爲，特別是在神祕主義正在復活的今天，我的這種嘗試能夠並一定被那些在某些方面與我有意見分歧，但對理性的未來與我有共同信仰的人毫不猶豫地，甚至十分高興地接受。

---

④ 這就是說，不要把我的實證主義與孔德和史賓塞先生的實證主義形而上學混淆。（關於涂爾幹認爲孔德和史賓塞的理論是形而上學的問題，見本書第二章之一。——譯者）

第二版序言[①]

本書剛一問世，就引起了激烈的爭論。通行的觀點如臨大敵，一開始就強烈反對我的意見，以至在一段時期裡幾乎不肯傾聽我的陳述，甚至在一些我已經闡述得再清楚不過的問題上，也毫無根據地把一些與我的觀點毫不相干的東西強加於我，試圖以駁斥這些東西而把我駁倒。我反覆聲明，我認爲意識，無論是個人的意識還是社會的意識，都絕非實體的東西，只不過是一種自成一類的（sui generis）現象或多或少系統化了的總體，但人們硬說我的這種觀點是實在論和本體論。我明確指出，並再三說明，社會生活完全是由它的一切表徵構成的，但人們卻指責我從社會學中排除了精神要素。有人甚至重新搬出可以認爲是早已被埋葬了的辯論方式來與我爭辯。實際上，他們把某些並非我的觀點，以這些觀點「符合我的原理」爲由，而歸到了我的身上。然而，經驗已經證明，這種既可以隨心所欲地創立所爭論

---

① 這個序言最初以《論社會學中的客觀方法》（*De la méthode objective en sociologie*）爲題發表於《歷史綜合評論》（*Revue de Synthèse Historique*）一九〇一年第二期，隨後收進本書的第二版（一九〇一年）。——譯者

的體系，又可以輕而易舉地推翻這些體系的方法是十分危險的。

我認爲，說這種抵制後來逐漸減弱，並沒有什麼不妥。當然，有些命題還在爭論。但是，對於這種有益的爭論，我既不感到奇怪，也不會抱怨。顯而易見，我所制定的規則，實際上將來也必然要有所修正。根據我個人十分有限的實際經驗，我認爲這些規則將隨著社會實踐的不斷擴大和豐富，也必然會有所發展。另外，說到方法，我們所能做到的，永遠只能是暫定的，因爲方法要隨著科學的發展而改進。不僅如此，最近數年間，儘管有人反對，但客觀的、專門的、有系統的社會學事業仍在不斷發展。社會學能取得這樣的成果，《社會學年鑑》②的創刊無疑起了很大的作用。因爲年鑑同時涉及社會學的全部領域，所以它能比任何一本專著更使人清楚地知道社會學應當和可能如何發展。這樣，它就可以使人們看到，社會學不必繼續成爲普通哲學的一個分支，就可以直接研究事實的細節，而不陷入泛泛的議論。因此，我應該對我的合作者們的熱情和獻身精神表示崇高的敬意。正是在他們的幫助之下，這種以事實進行的論證才得以開始並繼續進行下去。

儘管這些進步已經實現，但過去的誤解和混亂，顯然至今尚未全部消除。因此，我想藉

---

②《社會學年鑑》（*L'Anne sociologique*）創刊於一八九八年，是涂爾幹領導的「涂爾幹學派」的機關報。年鑑的同人有福孔內、牟斯、里夏爾、余巴爾、西米安等人。——譯者

本書再版的機會，對我已做過的全部說明作一些補充，對某些批評作出回答，並對某些問題加以新的明確的闡述。

一

關於應當把社會事實視爲事物這個命題，是我的方法的基礎，它引起了最大的爭論。反對者認爲，我把社會世界的現實和外部世界的現實同等看待是荒謬的，是悖論。這是對這種同等看待的意義和範圍的極大的誤解。我這樣做的目的不是把存在的高級形態降爲低級形態，反而完全相反，我是要使前者具有至少與大家公認的後者具有的實現條件相等的實現條件。實際上，我不是說社會事實是物質之物，而是說社會事實是與物質之物具有同等地位但表現形式不同的事物。

那麼，事物究竟是什麼呢？如同從外部認識的東西與從內部認識的東西是對立的一樣，事物與觀念也是對立的。凡是智力不能自然理解的一切認識對象；凡是我們不能以簡單的精神分析方法形成一個確切概念的東西；凡是精神只有在擺脫自我，透過觀察和實驗，逐漸由最表面的、最容易看到的指標轉向不易感知的、最深層的指標的條件下才能最終理解的東西，都是事物。因此，把某一類事實作爲事物來考察，並不是把它們歸到某個實在的範疇，而是以一定的心態觀察它們。就是說，在著手研究事實時，要遵循這樣一個原則：對事實的存在持完全不知的態度；事實所特有的各種屬性，以及這些屬性賴以存在的未知原因，不能透過哪怕是最認眞的內省去發現。

對術語作了這樣的界定之後，就可以明白我的命題絕非悖論，而且只要它不再被有關人的科學，尤其是不再被社會學經常而過分地忽視，它就幾乎可以成爲一種自明之理。實際上，從這個意義上來說，我們可以認爲，也許除了數學的對象以外，一切科學的對象都是事物。至於數學的對象，從其最簡單的到最複雜的都是由我們自己確立的，所以要知道它是什麼，只需研究我們的內心活動，從內部分析由此產生的精神過程就足夠了。但是，至於嚴格意義上的事實，當我們試圖對它們進行科學研究時，我們所面對的必然是一些未知的、不理解的事物，因爲人們在生活中所能形成的表徵，在形成時既缺乏系統，又缺乏批判，沒有科學的價值，應該排除在外。個人心理學研究的事實也具有這種性質，所以也應該以這個觀點來對待。實際上，雖然從特點上來看，個人心理學研究的事實是我們內心的，但是，我們對它的意識既不能使我們理解其內在性質，又不能使我們知道其發生的根源。這樣的意識卻能使我們對事實有一定程度的認識，但只是像感覺那樣使我們知道熱或光、聲或電而已；它使我們對事實產生的是模糊、瞬間、主觀的印象，而不是明確、清晰的觀念——即具有解釋性的概念。正是由於這個原因，在本世紀末誕生了以從外部研究心理事實，即把心理事實作爲事物來研究爲基本原理的客觀心理學。既然研究心理事實是這樣，那就有理由這樣來研究社會事實了，因爲意識認識社會事實的能力不可能超過它對自己的認識能力。③有人可能反對這種觀點，認爲既然社會事實是我們製造出來的，那麼只要我們有了自我意識，就能知道我們給它加進了什麼內容和如何形成它的。但首先要知道，社會制度的絕大部分是由前人定好而遺留給我們的，我們從未參與它的建立，所以反躬自問時，不可能找到產生這些制度的原因。再說，就算我們參與了這些制度的建立，我們也只能是以最模糊的，甚至往往是最不準確的方式勉強地猜測決定我們的行動的眞正原因和我們的行爲的本質。僅就我們的個人行爲而論，我們也很難知道指導我們行爲的一些比較單純的動機。有時，我們的行爲出於自私，卻自以爲是無私的；我們屈服於愛，卻自以爲是向憎恨讓步；我們做了不合理的偏見的奴隸，卻自以爲是服從於理性了，諸如此類。對待個人的行爲都是如此，那麼我們怎麼會有能力更加明晰地識別集體行爲的比這要繁雜得多的發生原因呢？因爲不管怎樣，對於整個集體行爲來說，具體到每一個個人的參與是微不足道的，參與的人很多，別人意識到的我們可能意識不到。

因此，我所確定的規則既不包括任何形而上學的思想，又不包括任何關於存在的本質的

---

③ 我們認爲，要承認這個命題，沒有必要認定社會生活是由表徵以外的其他東西構成的；僅確信表徵——無論是個體表徵還是集體表徵，只有對它們進行客觀的研究時，才能成爲科學的研究就可以了。

思辨。它只要求社會學家保持物理學家、化學家和生物學家在他們的學科開闢新的研究領域時所具有的那種精神狀態。社會學家應該在進入社會世界時，意識到自己進入了一個未知世界；他們應該認識到，他們所要處理的事實的法則和生物學尚未形成以前生命的法則一樣是不可猜測的；他們應該隨時準備去作會使他們驚訝和困惑的發現。然而，社會學在知識方面還遠遠沒有達到這樣成熟的地步。研究物理本性的科學家強烈地感到，要戰勝來自自然的抵抗力是何等困難，而社會學家卻覺得自己能以精神直接認識事物，以致以爲他們可以由此解決那些最難解決的問題。但就目前的社會學狀況來說，我們甚至並未眞正理解諸如國家或家庭、所有權或契約、刑罰或責任等主要的社會制度；我們對於這些制度賴以存在的原因、它們的職能和演化法則幾乎一無所知；如果說我們已在某些方面隱約看到幾道曙光，那也只是剛剛開始。然而，只要翻閱一下社會學的著作，就會發現其中在這方面的無知和困惑。這些著作不但以獨斷一切問題爲己任，而且以爲用幾頁或幾節就能說清甚至是最複雜的現象。這就是說，這樣的理論所表述的並不是事實（事實是不可能這麼快弄清楚的），而是作者在進行研究之前對事實所持的先入之見。當然，我們對於集體習尙的觀念，即關於什麼是集體習尙或如何遵守集體習尙的觀念，是發展集體習尙的一個因素。但這種觀念本身就是一種事實，而爲了正確界定它，也應該從外部對它進行研究。因爲這時需要知道的，不是哪位思想家個人如何描繪這個制度，而是集體對於這個制度有什麼樣的認識。實際上，只有這種認識才具有社會效果。然而，僅從內部觀察還無法達到這種認識，因爲我們任何一個人都不可能具有全部的集體認識；因此，必須找出若干使這種集體認識成爲可感知的外部特徵。再則，集體認識並非憑空而生，它本身也是外在原因的結果，而爲了能夠評價它在將來的作用，就應該知道這些外在原因。總之，不論如何，都總得採用這種方法。

二

另一個引起爭論的激烈程度不亞於前一命題，那就是「社會現象對於個人來說是外在的」。今天，人們已願意接受我的如下觀點：個人生活和集體生活的各種事實在某種程度上具有質的不同。甚至可以說，在這一問題上，即使沒有形成完全的一致，至少是達到了非常廣泛的一致。現在，幾乎沒有一位社會學家對社會學的所有分支抱持否定態度了。但是，因爲社會只能是由個人組成的，④所以，以常識觀之，社會生活除了個人意識以外，別無其他基質（substrat），否則就成爲空中樓閣，與生活游離。

但是，在社會事實方面，人們有時不那麼容易作出判斷，而在其他自然領域裡則通常可

④ 然而，這個命題只能說是部分地正確。除個人以外，還有作爲社會的組成部分的各種事物。只能說個人是社會的唯一的能動成分。

以做到。數個要素一經結合，都會因結合而產生新的現象，但我們必須想到，這些新的現象不是存在於各個要素之中，而是存在於隨著要素的結合而形成的新的整體之中。和社會除了個人以外不包含其他東西一樣，生物細胞中只含有無機分子，但具有生命特徵的現象顯然不可能存在於氫、氧、碳、氮等原子之中，因爲生命運動怎麼能出現於無生命的要素之中呢？生物學的屬性又怎麼能分配於這些無生命的要素之間呢？它們不可能同樣存在於所有的要素之中，因爲這些要素性質並不相同。碳不是氮，所以它不具有和氮一樣的屬性，也無法發揮氮的作用。說生命的每個方面及其每個主要特性都呈現在一個獨特的原子群中，也是難以令人信服的。生命不能這樣分解，它是一個整體，所以它只能以整體的形式存在於有生命的物質之中。生命只以整體的形式存在，而不以部分的形式存在。本身能夠吸收營養和進行繁殖的，總之，能夠活著的，絕不是細胞中的沒有生命的分子，而是細胞本身，也只能是它。我關於生命所述的一切，也可以適用於其他一切綜合體。比如，青銅的硬度並不存在於形成它的、具有柔韌性的銅、錫、鉛這些物質之中，而是存在於它們的合成物之中。水的流動性、營養性和其他屬性並不存在於合成水的兩種氣體之中，而是存在於由它們的結合而形成的合成物之中。

現在我把這一原理應用於社會學。如果人們同意我的觀點，也認爲這種構成整體社會自成一類的綜合體可產生與孤立地出現於個人意識中的現象完全不同的新現象，那就應該承認，這些自成一類的事實存在於產生了它們的社會本身之中，而不存在於這個社會的局部之中，即不存在於它的成員之中。因此，從這個意義上來說，這些自成一類的事實，正如生命的特性存在於構成生物的無機物之外一樣，也存在於構成社會的個人意識之外。我們把這些自成一類的事實歸之於每個社會成員身上就必然出現矛盾，因爲就特性而論，自成一類的事實是以社會成員所沒有的東西爲前提的。這樣，我在下節對於嚴格意義上的心理學，即研究可以思維的個人的心理學與社會學的區別的論述，在這裡又以新的理由得到了證實。社會事實與心理事實不僅有質的不同，而且它們的基質也不同，兩者在不同的環境下演變，也不取決於同樣的條件。這並不是說社會事實不具有任何心理性質，因爲它畢竟表現爲思想或行爲的方式。但是，集體意識的狀態與個人意識的狀態有質的不同，有其獨自的表徵。集體的心態並不等於個人的心態，它有其固有的法則。因此，儘管心理學與社會學在某些方面有一些關係，但兩者終究截然不同。

但在這個問題上，有必要指出一個或許會給我們的爭論帶來幾道曙光的區別。

我非常清楚，社會生活的內容不能透過純心理學的因素，即個人意識的狀態來解釋。實際上，集體表徵所表現的是集體對作用於它的各種事物的思想反映。集體的組成不同於個體，而作用於它的事物也具有不同的性質。既不表現同樣主體，又不表現同樣客體的表徵，不可能基於同樣的原因。爲了理解社會對自身和其周圍世界的表徵方式，我們必須考察的是社會的性質，而不是個人的性質。社會自己想像的象徵，隨社會是什麼社會而變化。比如，社會認爲自己來自它現在用作自稱的動物，這就是說它形成了一個獨特的而被稱爲氏族的集體。在動物被神格化而成爲人類的祖先的地方，氏族就改變了性質。如果社會在地區的或家族的保護神之上，想像出另外一種它認爲可以保護它的神，那是因爲組成社會的一些地區或家族要想集中和統一，而宗教眾神表現出的統一程度，則與社會在該時期所達到的統一程度一致。如果社會譴責某些行爲方式，那是因爲這些行爲方式傷害了社會的某些基本感情，而這些感情則與社會的結構有關，就像個人感情與個人的體質和心理結構有關一樣。因此，即便個人心理學對我們來說已不再是什麼祕密，但它依然不能使我們解決這些問題中的任何一個，因爲這些問題涉及個人心理學並不理解的一系列事實。

但是，這種異質性一旦被承認，社會就會提出如下的問題：個人表徵和集體表徵既然都是表徵，不就應當相似嗎？而由於這種相似，不就應該有通用於兩者的某些抽象法則嗎？神話、民間傳說、各種宗教觀念、道德信仰等，反映著不同於個人實在的另外一種實在；但使它們相互吸引或排斥，聚合或分離的方式，卻往往不取決於它們的內容，而完全依從於表徵的一般性質。它們以不同的方式形成，並像個人的感覺、想像或觀念那樣，互相關連發生作用。比如，不管被表徵的是什麼東西，能夠認爲接近與相似、對照與邏輯對立會以同樣的方式發揮作用嗎？因此，我認爲有可能出現一種也許可以作爲個人心理學和社會學的共同地盤的完全是形式的心理學。也許這會使主張明確區分這兩門科學的一些人產生懷疑。

嚴格地說，在我們的知識現狀下，剛才提出的問題不會得到明確的解決。實際上，一方面，我們對於個人觀念的相互結合的方式所知道的一切，歸納起來不外是一些很一般的、而且十分含糊的原理，人們通常稱這些原理爲聯想法則；而另一方面，對於集體觀念的形成法則至今仍是全然無知。應該以確定這方面的法則爲己任的社會心理學也只得反覆無常的、空洞無物的泛泛之論的匯總而已。它應當做的，是對神話題材、傳說、民間習俗和語言進行比較，以研究社會表徵是以什麼方式相互吸引或排斥，相互融合或分離等等。一般說來，如果這個問題值得引起研究者們的注意，那我也只能勉強地說，他們將要探討這個問題了。但是，即使他們找到了這些法則的某幾項，那也顯然不可能確切知道這些法則是或不是個人心理學法則的再現。

雖然不能肯定，但至少可以認爲，即使這兩種法則之間有相似之處，那它們之間的差異也一定十分明顯。看來，說表徵的構成素材不影響它們的結合形式，這實際上是不可能被人接受的。的確，心理學家們在論及聯想法則時，好像總是認爲它們同樣適用於一切種類的個人表徵。但絕非如此，因爲映像的相互結合不同於感覺；概念的相互結合也不同於映像。如果心理學得到進一步發展，那會確認每一種心理狀態都有其固有的明確的法則。如果是這樣的話，那就更應當（a fortiori）想到相應的社會思維法則也像社會思維本身一樣，是有其特殊性的。事實上，只要人們一接觸這類事實，就很難不感知這種特殊性。實際上，不就是這種特殊性才使得宗教觀念（居集體觀念之首）的相互融合、分離和轉化而形成充滿各種矛盾的、與我們個人思維的一般結果對立的合成物的特殊方式變得那麼不可思議的嗎？因此，可以這樣推測：如果社會心態的某些法則確實使人覺得它們與心理學家所確立的法則相似，那也不只是因爲前者是後者的個別情況，而且是因爲兩者之間除了存在明顯的重要差異之外，還存在暫時尚未釐清的但將來可以透過抽象的推理發現的相似。這就是說，不論在什麼情況下，社會學都不能簡單地照抄心理學的某個原理，把它用於研究社會事實。但是全體共有的集體思想，不論它是什麼形式還是什麼內容，在研究它的存在本身和目的時，都必須透過人們對它持有的特殊感情來進行，而且下一步不要忘記去研究它和個人思想相似到什麼程度。一個主要是屬於一般哲學和抽象邏輯，而很少屬於社會事實的科學研究的問題⑤便在這裡展現出來。

三

我還要對本書第一章裡對社會事實所下的定義補充幾句。我把從能對個人意識產生強制作用這一特性上可以認識的行爲方式或思維方式視爲社會事實。於是在這一點產生了一個值得指出的混亂。

---

⑤ 無須證明從這個觀點出發，可以更爲明顯地看到從外部研究社會事實的必要性，因爲社會事實是發生在我們身外的綜合的產物，我們對於這種綜合甚至連意識可以使我們對內部現象產生的那種模糊的知覺都沒有。

由於人們習慣於將哲學思維形式用於社會學的對象，所以總是認爲我以前的定義是一種關於社會事實的哲學。有人說我以強制解釋社會現象，完全是學習塔德⑥先生的以模仿解釋社會現象。我絕對沒有這種高攀的念頭，甚至連想都沒有想到人們會說我有這種高攀的念頭，何況這與我的整套方法是完全對立的。我給自己規定的任務，不是以哲學的觀點來預先做出社會學的結論，而只是指出用什麼外部特徵可以認識社會學所要研究的事實，以使科學家能夠原原本本地發現事實，而不將它們與其他事實混淆。這就要盡可能劃定研究的範圍，而不要試圖全憑直觀。因此，我十分誠懇地接受人們對我的如下指責：這個定義沒有全部表達社會事實的所有特徵，因而並不是唯一可能的定義。實際上，社會事實可以用許多不同的方式來顯示其特性，這沒有什麼不可理解的，因爲沒有任何理由說它只有一個明顯的特性。⑦關鍵是要選擇其中可能最符合我們所規定的目的的那種特性。甚至極有可能根據情況

⑥ 塔德（Gabriel Tarde，一八四三—一九〇四），法國社會學家和犯罪學家。他在《模仿律》一書中說：「社會存在，實質上都是模仿。」、「社會上的一切東西，不是發明就是模仿。」——譯者

⑦ 我所講的社會事實的強制力遠不是它的全部特性，它同時還可以表現出相反的性質。比如說，一切制度都是強加於我們的，但我們卻願意遵守它們；它們使我們承擔義務，但我們卻熱愛它們；它們約束我們，但我們卻從它們的功能和這種約束本身得到好處。這種對比就是倫理學家常說的反映道德生活的兩個不同的、但又是實在的方面，即權利和義務的兩個概念之間的反題。但是，大概沒有不對我們產生這種雙重的、而且只是

同時使用若干個標準。我認爲這在社會學中也往往是必要的，因爲在某些情況下，強制性是不容易認識到的（參看第一章末尾）。既然是關於社會事實的基本定義問題，所以必須使所利用的特徵可以直接辨認，並在研究之前就能發現。但是，這個條件正是那些往往與我的定義相對立的定義所不具備的。比如，有人說，社會事實就是「在社會中由社會產生的一切」；還有人說，社會事實是「以某種方式涉及和影響群體的東西」。但是，人們是不是知道事實的原因存在於社會呢？這個事實是不是產生社會效果呢？這些問題，只有在科學已經充分發展時才能知道。因此，他們的這些定義不能用於規定所要開始研究的對象。要使這些定義能被利用，就得使社會事實的研究達到相當的深度，從而發現另外某種可預先確認社會事實存在於什麼地方的手段。

有人認爲我的定義過於狹隘，而同時也有人指責我的定義過於寬泛，說它幾乎包含了所有的實在的東西。實際上，他們是說，整個物質的環境對於受其影響的生物來說，都具有一種約束力，因爲生物在一定範圍內不得不適應物質的環境。但是，在這兩種形式的強制之

從表面上看來矛盾的作用的集體習尚。我們之所以沒有用這種既會有私心，又會有無私的特殊情感去界定集體習尚，只是因爲這種情感不是透過外部的容易認識的特徵表現出來的。權利具有一些比義務更內在、更深奧的，因而更不易掌握的東西。

間，存在著一條明顯的分界線，把物質的環境和精神的環境截然分開。一個肉體或若干個肉體對於其他肉體施加的壓力，甚至對其意志施加的壓力，是不能混同於集體意識對於其成員的意識所施加的壓力的。社會強制之所以具有完全特殊的性質，不是來因於社會分子的某種組合十分嚴密，而是來因於某種社會表徵具有權威性。的確，就習慣而言，不論是個體的還是遺傳的，在一定程度內都具有這種屬性。習慣支配我們，並把某些信仰和習尚強加於我們。不過，習慣只是從內部支配我們，因爲它們存在於我們每個人的身上。全社會的信仰和習尚則與此不同，它們是從外部作用於我們的。因此，前者所產生的影響和後者所產生的影響是根本不同的。

另外，對於其他自然現象以其他形式表現我們在界定社會現象時所用的指標，也不應該感到驚訝。這種相同只是源自於自然現象和社會現象都是實在的東西。凡是實在的東西都有一種必然有的、我們必須重視的本性，甚至在人們能夠排除它們的作用時，也絕不能把它們完全消滅。實際上，這正是社會約束觀念的本質所在，因爲社會約束觀念的全部意義就在於它承認集體的行爲方式或思維方式是存在於個人之外的現實，而個人又時時刻刻適應於社會約束觀念。凡是有自己的固有存在的東西，比如集體的行爲方式和思維方式，都是事物。個人所見到的事物是已經形成的現成的事物，個人不能使事物不是事物或使事物成爲別的東西。因此，個人必須按事物的原樣認識事物，而且很難（我不說不可能）改變事物，因爲事物在不同程度上同社會對其成員具有的物質和精神的優勢有關係。當然，個人對於事物的生成是起作用的。但是，要有社會事實存在，就必須至少有許多個人通力合作，並使這種合作產生出新的東西。由於這種綜合是發生在我們每個人的自身之外的（因爲這種綜合是由很多意識參與而完成的），所以其結果必然是在我們自身之外規定和確立某些不以每個單獨的個人的意志爲轉移的行爲方式和判斷方式。正如有人指出的那樣，⑧有一個詞只要把它的一般涵義稍微擴大，就可以確切表達這個極其特殊的存在方式，這就是「制度（institution）」一詞。實際上，我們可以不曲解這個詞的原意，而把一切由集體所確定的信仰和行爲方式稱爲「institution」。這樣就可以把社會學界定爲關於制度及其產生與功能的科學。⑨

對本書引起的其他爭論，我認爲無須回答了，因爲它們沒有涉及任何實質性的東西。本

⑧ 參見福孔內（Fauconnet）和牟斯（Mauss）在《大百科詞典》中所撰《社會學》條。

⑨ 不能因爲社會的信仰和習尙是從外部進入我們內部的，就說我們是完全被動地、原封不動地接受了它們的。我們透過思考和消化集體制度而使其個人化，給它們打上或深或淺的我們個人的烙印；這如同我們在感知可感的世界時，每個人都以自己的方法給它染上不同的顏色，不同的主體以不同的方式適應同一個物質環境。這就是爲什麼我們每個人都在一定程度上形成了自己的道德、自己的宗教、自己的技術的道理。實際上，並沒有不帶不同程度的個人色彩的社會共同性。儘管如此，所能允許的偏差度仍然是有限的。在偏差容易引起犯罪的道德與宗教現象方面，偏差度等於零或者極小。而在經濟生活方面，則偏差度比較大。但在這後一種情況下，也遲早會碰到不可跨越的界限。

書所述方法的總目標並不決定於人們在劃分社會類型或區分正常狀態和病理狀態時所常用的方法。另外，這些爭論往往是由人們拒絕接受或有保留地接受我的基本原理，即社會事實的客觀實在性而引起的。因此，最後一切都要取決於和歸結於這一原理。這就是爲什麼我認爲把它從其他一切次要問題中單獨提出來加以反覆強調是有益的原因。而且我確信，我賦予這個原理這樣的優越地位，是表明我忠於社會學的傳統，因爲歸根結柢，關於社會事實的客觀實在性的觀點是全部社會學的出發點。其實，社會學只是在人們預感到社會現象雖然不是物質的，但不失爲值得研究的實在的事物時才誕生的。爲了能夠認識到研究社會現象到底有什麼的必要性，必須先知道社會現象有一定的形式，有恆常的存在方式，有不取決於個人的專斷而自己會產生出各種必然的聯繫的性質。因此，社會學的歷史不外是爲了使這種意識更加明確，更加深入，發展它所能導致的全部成果的長期努力。雖然我們在這方面已經取得了巨大的進步，但讀過本書後就會知道，尙有許多關於人類中心論的公設的殘餘，在到處阻塞走向科學的道路。人類一方面不願意放棄長期以來屬於自己的那種控制社會領域的無限權力，但另一方面又感到，既然確實存在著集體的力量，他們就必然被迫服從這種力量，而不能改變它。這就促使人類去否定這種力量。無數的經驗告訴他們，得意洋洋地幻想的這種無限權力，一直是使他們變弱的原因，而只有在他們承認事物具有其固有的本性並虛心探求事物究竟是什麼的時候，他們對事物的支配才眞正開始。但這些經驗並沒有發生效果，他們仍堅持原有的偏見。已被其他一切科學早已拋棄了的那種可悲的偏見依然頑固地存在於社會學之中。因此，當務之急是把社會學從這種偏見中徹底解放出來，這也是我所作的努力的主要目的。

引言

至今，社會學家很少留意於概括和界定他們用以研究社會事實的方法。比如，史賓塞先生的全部著作沒有一處談到方法論問題，而他那本書名可能使人產生錯覺的《社會學入門》，①則完全敘述的是社會學的難處和能力，並沒有論述社會學應該使用的方法。的確，密爾對這個問題進行過很長時期的研究，②但他也只是把孔德已經說過的東西，以他自己的辯證法再篩選了一遍而已，絲毫沒有補充眞正屬於他個人的東西。因此，只有《實證哲學教程》中的一章③才可以算作我們所知道的有關這個問題的唯一獨創而重要的研究。

---

① 《社會學入門》（*L'Introduction la Science Social*）的英文原著名爲*The Study of Sociology*（《社會學研究》），英譯本便回復了英文原名。——譯者

② 見《邏輯體系》，第一卷，第四冊，第七—十二章。（密爾，舊譯穆勒，嚴復曾將此書的前三卷譯成中文，名爲《穆勒名學》。——譯者）

③ 見《實證哲學教程》法文版第二版第二九四—三三六頁。（這一章是《實證哲學教程》，第四卷，第四十八講《可以合理研究社會現象的實證方法的基本特點》。——譯者）

而且，這種顯而易見的忽略也毫不足爲奇。實際上，我上面提到的這些大社會學家，對社會的本質、社會領域與生物領域的關係、社會進步的總進程的研究，都沒有超出泛泛之論；就連史賓塞先生的大部分社會學著作也只是以揭示如何把普遍的進化法則應用於社會爲目的。然而，探討這些哲學問題並不需要特別的和複雜的辦法。只要社會學家酌情運用演繹法和歸納法，並對社會學研究所用的最一般的材料進行簡要的處理就可以了。但是，觀察事實所需採取的嚴謹態度，提出主要問題所應採用的方法，研究中所應掌握的方向，使研究取得成功所要進行的專門實驗，以及進行論證時所應遵守的規則等問題，尚有待於解決。

機遇，其中當然主要是波爾多大學文學院爲我開設正規的社會學課的創舉，④使我得以很早獻身於社會學研究，並使它成爲我的專業，進而使我能夠擺脫那些非常一般的問題，而去研究一些特殊的問題。這樣，出於事物本身的需要，我不得不制定出一套更爲明確的，而且在我看來是更切合社會現象的特殊性的方法。這是我從實際研究中得出的成果，我把它們全部陳述於本書之中，供大家討論。當然，我新近出版的《社會分工論》一書已經隱含著這些成果。但我認爲，再把它們從該書中摘出來，加以重新整理，並從該書和我尚未出版的一些著述中引用一些實例加以論證和說明，是不無補益的。這樣，人們就可以更充分的評價我想爲社會學研究規定的方向了。

④ 指波爾多大學文學院一八八七年爲涂爾幹開設的《社會學與教育學》課程。——譯者

目次

第一章　什麼是社會事實

在開始探討什麼是適合研究社會事實的方法之前，首先要知道什麼是我們所說的社會事實。

因為人們所使用的「社會事實」這個術語很不準確，所以釐清這個問題尤為必要。人們通常用這個術語來表示社會內部發生的幾乎所有的現象，只要它們泛泛地代表著些許社會利益。但這麼一來，可以說沒有一件人間的事情不可稱為社會事實了。每個人都要飲食、起居和思考，而社會對這些機能的正常運行都得關心。如果說這些都是社會事實，則社會學就沒有自己固有的研究對象了，而且社會學的研究領域也就與生物學和心理學的研究領域沒有區別了。

但實際上，任何社會都存在著一定的因自身的明顯特徵而有別於其他自然科學所研究的對象的現象群。

當我盡兄弟、丈夫或公民的義務時，當我履行自己訂立的契約時，我就盡到了法律和道德在我的自身和我的行為之外所規定的義務。即使我認為這些義務符合我自己的感情，從內心承認它們是實在的，也不能使這種實在性不是客觀的，因為這些義務不是我自己創造的，而是教育讓我接受的。何況，我們往往不知道自己承擔的義務的細節，而為了了解它們，就不得不去查閱法典和請教權威的法典解釋者呢！這如同宗教信仰和宗教儀式，信徒一生下來就為他們完全準備好了一樣。既然在信徒出生之前，宗教信仰和宗教儀式就已經存在，這就說明它們是存在於信徒之身外的。我表達思想時使用的符號系統，我還債時利用的貨幣制度，我在商業往來中使用的信用手段，我在職業活動中遵行的慣例等等，都是不以我在這些方面的意志爲轉移而獨立發揮作用的。假如以構成社會的全體成員中的每個人爲例，則上述的一切可再現於每個人身上。也就是說，從這裡可以看到具有存在於個人意識之外的這種明顯屬性的行爲方式、思維方式和感覺方式。

行爲或思想的這些類型不僅存在於個人意識之外，而且具有一種必須服從的，帶有強制性的力量，它們憑著這種力量強加於個人，而不管個人是否願意接受。當然，當我心甘情願服從這種強制力時，我就感覺不到或者說很少感覺到它是強制的，而它也就不成其爲強制的。儘管如此，強制並不因此而不再是這些事實的屬性，其證明是：我一去反抗它，它就立即表現出來。如果我企圖觸犯法律，法律就對我作出反應：如果尚有時間糾正，就糾正我的行爲；如果我的行爲已經完成但還可以糾正，就宣布我的行爲無效而使其恢復正常；最後，倘若我的行爲已無法糾正，就懲罰我而抵罪。那麼，純道德規則呢？由社會公德透過對公民行爲的監督和自身擁有的特殊懲罰來制止一切侵犯純道德規則的行爲。另外，社會上還有一種約束，它雖然不是強制的，但並沒有因此而不存在。如果我不遵從社會習俗，或者我奇裝異服，毫不考慮本國和本階級的習慣，那就會引起人們對我的嘲笑和疏遠。這雖不嚴重，但其作用都是一種眞正的懲罰。還有一種可以說只是間接發生作用，但並沒有因此而效果稍減的約束。比如，我並沒有義務必須和我的同胞講法語、必須使用法定的貨幣，但我不得不如此，不能另來一套。如我試圖逃避這個必然性，則我的企圖一定慘敗。我作爲一個經營者，誰也不會禁止我以過時的方式和方法去經營我的工廠，但如果我眞那樣做了，必定破產，以失敗而告終。即便我事實上能夠擺脫並違背這些規則而獲得成功，那也只是迫於無奈而與之抗爭才得以成功的。即使這些規則最終被我戰勝了，它們的反抗也使我充分感受到它們是有束縛力的。革新家，即便是幸運者，他們的事業也沒有不遭到這種反抗的。

於是就有了如下一類具有非常特殊性的事實。這類事實由存在於個人之身外，但又具有使個人不得不服從的強制力的行爲方式、思維方式和感覺方式構成。因此，不能把它們與有機體現象混爲一談，因爲有機體現象由表徵和動作構成；也不能把它們與僅僅存在於個人意識之中並依靠個人意識而存在的心理現象混爲一談。這樣，它們就構成爲一個新種，只能用「社會的」一詞來修飾它，即可名之爲社會事實。這樣稱呼它最合適，因爲十分清楚，它既然沒有個人作爲基礎，那就只能以社會爲基礎：不是以整體的政治社會爲基礎，就是以社會內部的個別團體，諸如教派、政治派別、文學流派或同業公會等爲基礎。另外，也只有這樣稱呼才合適，因爲「社會的」一詞只是在專指那些不列入任何已經形成的和已經具有名稱的事實範疇的現象時才具有明確的意義。因此，這類現象成爲社會學的固有領域。確實，我們用「約束」一詞來界定這類現象時，可能會使絕對的個人主義的熱烈擁護者感到害怕。因爲他們聲稱個人是完全獨立自主的，所以在他們看來，只要個人感到他不是只依靠自己，那就降低了個人的價值。但是，現在既然已經知道，我們的大部分觀念和意向並不是我們自己形成的，而是來自外界，所以，它們只能強制我們承認它們，爾後進入我們的頭腦。這就是我的定義的全部意思。此外，我們都知道，一切社會約束並不一定要排斥人的個性。①

然而，由於上述各例（如法律、道德、教義、金融制度等）都是屬於既有的信仰和慣例，所以人們就會據以認爲，凡是有確定組織的地方，才有社會事實。但是，還有一些也具有同樣的客觀性，也同樣對個人產生影響，但沒有凝聚的事實，即人們所說的社會潮流。比如，集會發生的激情、義憤、憐憫等情感方面的巨大衝動，就不是產生於任何個人的意識，而是來自我們每個人的外部，不管我們每個人願意與否，都會受到感染。當然，也會有這樣的情況：我雖然完全置身於衝動之中，但沒有感受衝動對我的壓力。然而，只要我試圖反抗，壓力就會顯現出來。假如某一個人想要攻擊這種集體表現之一，那他的拒絕感情反而會來反對他自己。既然這種外來的約束力在遭到反抗時會如此明顯地表現出來，那就顯示它在沒有遭到反抗時就已經存在，只是人們沒有意識到罷了。在後一種情況下，是我們被一種錯覺所迷惑，以爲外部強加於我們的東西是我們自己創造的。但是，即使我們對於所受到的壓力百依百順，那也只是掩蓋了而不是消除了這種壓力。這就像我們在空氣中並不感到空氣有重量，而實際上空氣的重量是存在的一樣。同樣，我們自發地參與了群情激奮的場合，但我們在其中得到的感受與過去自己單獨時的激情感受是完全不同的。而一旦集會解散，這種

① 這並不是說，一切約束都是正常的。關於這一點，我在第五章再作論述。——譯者

群體影響不再對我們發生作用，我們又回到一個人獨處的狀態，則我們就會覺得剛才的那種情感，好像是我們並不了解的某種外來的東西所使然。這時我們才發現，我們當時那種情感主要是受了影響的結果，而不是自己產生的。有時候，當這種感情違反我們的本性時，甚至會使人們恐怖。比如，一些單獨的個人，他們絕大多數本來是不會做出壞事來的，但一旦他們成群結夥，便會不由自主地參與狂暴活動。我就這種瞬間的發作所說的一切，也同樣適用於不斷發生在我們周圍的那些或者是全社會性的，或者是僅限於宗教、政治、文學、藝術等領域的比較持久的輿論運動。

另外，我們還可以用一種特別的實驗來證明社會事實的這個定義，即只要我們觀察一下培育兒童的方法就可以了。我們看一下目前的事實及其從古至今的發展，就會發現，一切教育都是透過不斷的努力，教導兒童學會那些並非隨著兒童的成長就能自發掌握的觀察、感覺和行事的方式。嬰兒出生後，我們就強迫他定時飲食、睡眠，之後又強迫他養成衛生、安靜和聽話的習慣，稍長再強迫他學會尊重別人、遵從習俗和禮儀，最後強迫他學會勞動等等。如果說隨著時間的推移，這種約束感覺不到了，那是因爲這種約束逐漸變成了習慣和內在傾向。這種習慣和傾向可使約束不再起作用，但它們之所以能代替約束，則是因爲它們是由約束產生的。的確，在史賓塞先生看來，合理的教育應該反對這種方法，而讓兒童完全自由，不受管束。但是，由於這種教育理論從未被我們至今所知道的任何一個民族所採納，所以它只能是史賓塞個人的期望（desideratum），而不能成爲一種與上述事實對立的事實。

上述事實之所以特別有教育意義，是因爲教育的目的正是爲了培養作爲社會存在的人。這樣，我們就能從教育中大致看出這個社會在歷史上是如何形成的。兒童無時無刻受到的壓力，正是欲以自己的形象陶冶兒童的社會環境的壓力，而父母和老師只不過是這個形象的代表和媒介。

因此，不能用現象的普遍性來確定社會學上的現象的特點。一種思想可以一再出現於個人的意識之中，一種動作可以反覆發生於每個人身上，但並不能因此就說這種思想和這種動作是社會事實。如果我們滿足於以這種特點來界定社會事實，那就錯誤地把社會事實同所謂社會事實在個人身上的具體表現混爲一談了。構成社會事實的是團體的信仰、傾向和習俗這類東西，至於以集體形式表現在個人身上的那些狀態，則是另一種東西。最能說明這種雙重性的是，這兩種事實往往是以分離的狀態出現的。實際上，個人的某些行動或思想方式，由於在其身上不斷重複，而獲得了一種可以說是沉澱該行動或思想方式，並使它們脫離了它們藉以表現出來的各個事件的穩定性。於是，這種行動或思想方式就有了一種明顯具有其自身特點的固有形式，成爲一種透過個別事實表現出來，但又截然不同於個別事實的自成一類的（sui generis）實在。集體的習慣不只是以一種固定的狀態存在於這種習慣所決定的連續不斷的行爲之中，而且以我們在生物界尚未見到先例的特權，透過口教言傳、教育的師授、甚至透過文字的肯定，而永遠流傳下來。這就是法律和道德規則、民間的格言和諺語、概括宗教或政治派別的信仰的信條，以及文學流派所形成的風格等的淵源和本質。這些東西並非每一項都要透過應用於個人而再現，因爲即使現在沒有被應用，它們仍然是可以存在的。

當然，這種分離狀態並不總是表現得同樣明顯。但是，它在我前面所說的許多而且重要的場合中確實存在，這足以證明社會事實與其在個人身上的反應是截然不同的。此外，當這種分離狀態不能直接觀察出來時，也往往可以借助某種人爲的方法使它出現。而且，如果想使社會事實排除一切雜質，以便在純粹的狀態下對它進行觀察，則借用這種方法還是不可或缺的。比如，某些社會思潮在不同的時間和國家，不同程度地迫使人們結婚、自殺、多生育或節育等，這些現象顯然是社會事實。乍看它們似乎是與它們在個人身上的表現形式分不開的，但是，統計學爲我們提供了使它們分離開的辦法。實際上，它們在統計學上是以出生率、結婚率、自殺率，即用結婚、出生、自殺的年平均總數分別除以已達結婚、生育和自殺年齡②者的年平均總數所得出的數字，精確無比地表示出來的。因爲這些數字中的每一個都是無差別的包括了所有的個人情況，而能夠對現象的產生發揮一定作用的個人差異則在數字中相互抵消，以至於影響不了這一數字。而這一數字所表示的，只是集體精神的某種狀態。

這就是排除了一切摻雜成分的社會現象。至於它們在個人身上的表現，當然具有某種社

---

② 自殺並非以同樣的強度出現於每個年齡層，也不是以同樣的強度出現於各種年齡的人。

會的性質，因爲它們部分地再生出集體模式。但是，它們之中的每一個又在某種程度上取決於個人的生理—心理狀況和個人所處的環境。因此，它們又不是純社會學現象。它們同時屬於兩個領域，可以稱之爲社會—心理現象。社會學家雖然對它們很感興趣，但它們並沒有成爲社會學研究的直接材料。與此類似，有機體內也存在著具有混合性質的現象，而這些現象則屬於混合學科，比如生物化學的研究領域。

但是有人會說，一種現象要成爲集體現象，除非它是社會成員所共有的現象，或者是大多數社會成員所共有的現象，也就是說，它必須是一種普遍現象。但是，毫無疑問，它之所以是普遍的，是因爲它是集體的（即多少帶點強制性的），而不是因爲它是普遍的，所以它才是集體的。這是一種強加於個人而後再由個人重複的團體狀況。它存在於整體中的每個個體，是因爲它已存在於整體，而不能說它存在於整體，是因爲它已存在於個體。在這方面表現得最爲明顯的是，我們的祖先以既成事實傳給我們的信仰和宗教儀式，我們之所以能夠接受這些，是因爲它們既是集體的、又是累世的創造，具有一種各方面的教育都教導我們去承認和尊崇的特別權威。值得注意的是，絕大多數社會現象都是透過這樣的途徑出現在我們身上的。甚至一些社會事實，當它們部分地由於我們的合作而發生時，也同樣具有這種性質。集會上爆發出來的集體情感，不只是在表達與會的所有個人的情感裡共有的東西。正如我們已經指出的，它完全是另一種東西，它來源於公共生活，是在個人意識之間交互影響的作用和反作用的產物。如果說它能在每一個個人的意識中引起反應，那正是因爲它具有一種來源於集體的特別力量。如果大家都產生了共鳴，那並不是因爲彼此之間有一種事先自發安排好的協議，而是因爲有一種相同的力量把大家引向同一個方面。每一個個人都受群體的薰陶。

這樣，我們就對社會學的研究領域有了一個明確的概念。它所研究的只是一組明確的現象。一個社會事實，只是由於它有或能有從外部施及個人的約束力才得到人們的承認；而這種約束力的存在則是由於某種特定的懲罰的存在，或者由於社會事實對於個人打算侵犯它的一切企圖進行抵制，而得到人們的承認。然而，只要我們根據前面所述，注意到社會事實還有第二個基本特點，即它的存在不依存於它在團體內部擴散時表現於個體的形式，我們還可以透過社會事實在團體內部的擴散來界定它。這個標準有時甚至比前一標準更便於運用。實際上，約束如果像在法律、道德、信仰、習慣、風俗等中那樣被某種直接的社會反作用顯現於外時，是容易被確認的。但是，如果像經濟組織那樣，只是間接地使用它時，它就顯現得不十分清楚。因此，普遍性與客觀性相結合才容易成立。而且，這第二個定義不過是第一個定義的另外一種形式罷了，因爲一種存在於個人意識之外的行爲方式，要想成爲普遍的行爲，只有透過強加於人的辦法來實現。③

---

③ 可見，對於社會事實所下的這個定義，與塔德先生爲建立其巧妙的體系而發明的那個定義是截然不同的。我

但是，可以自問一下，這個定義是否完全呢？實際上，我們據以作這個定義的全部事實都是行為方式（manière de faire），它們屬於生理學的範疇。但是，另外還有集體的存在方式（manière d'être），即屬於解剖學或形態學範疇的社會事實。社會學不能不關心與集體生活的實體有關的事情。然而，乍看社會的基本構成要素的數量與性質、它們的結合方式、它們所能達到的融合程度、地區的居民分布、道路的數量與性質、居住的形式等等，又似乎不能歸結爲行爲、感覺、思維的方式。

但是，首先應當指出，這些不同的現象也具有我們在爲其他現象作定義時使用過的那些

首先要聲明的是：我的研究沒有一處能夠使我確認塔德先生所主張的模仿對於集體事實的產生所起的絕對作用；其次，根據塔德先生的這個不能成爲一種理論、而是對於觀察的直接材料進行簡單概括的定義，似乎完全可以得出這樣一種結論：模仿不僅不能始終說明，甚至永遠也不能說明可以看作社會事實的本質和特點的那些東西。毫無疑問，一切社會事實都能被模仿，正如我說過的，社會事實具有普遍化的傾向，但這是因爲它是社會性的，也就是說因爲它是強制性的。它的擴散力並不是它具有社會學特點的原因，而是其結果。再者，假如只有社會事實才能產生這種結果，那麼，模仿即使不能用來解釋社會事實，至少也可以用於界定社會事實。但是，透過模仿而擴散出去的個體狀態並不會因此而不再是個體狀態。另外，「模仿」一詞是不是適於表達強制作用所引起的傳播，也值得懷疑。使用「模仿」這個單一的用語，人們會與那些截然不同的現象混淆，而這些現象本來是需要加以區分的。

特性。這些現象的存在方式與我前面所說的行爲方式完全一樣，都是可以強加於個人的。實際上，要想知道一個社會在政治上是如何劃分的、被劃分的各部分是如何構成的以及各部分之間的融合程度又是如何，無法借助於實物方面的觀察和地理方面的考察去達到，因爲這種政治劃分雖然有某種物質性的基礎，但仍然是精神上的劃分。只有依靠公法才能研究這種組織，因爲如同公法規定我們的家庭關係和公民關係那樣，公法也規定著社會的政治組織，因此，政治組織也帶有強制性質。居民之所以聚居城裡而不散居鄉間，那是因爲有一種輿論和集體壓力在驅使人們這樣集中。居住的形式也和服裝的款式一樣，不是我們可以隨意選擇的；至少對兩者的選擇是有強制性的。交通路線幾乎是以命令的方式規定了國內往來和貿易的方向，甚至它們的頻率等等。因此，對我前面作爲社會事實的特殊指標而列舉的一批現象最多再增補一個種類就可以了。而且，那種列舉也絕不可能羅列完整，所以，這種增補也不是不可或缺的。

再則，這種增補也沒有意義。因爲這些存在方式只是已經固定的行爲方式而已。一個社會的政治結構，只是這個社會的各構成部分之間彼此共同生存的習慣方式。如果各構成部分之間有著傳統的密切關係，它們就傾向於聯合，反之則傾向於分裂。我們現在不得不採用的居住形式，不外是我們周圍的人（有一部分是我們的祖先）慣於建造的房屋的形式；交通路線不外是經常不斷地來往於同一方向的商旅人群爲自己開闢的道路。當然，如果僅是形態學範疇的現象有這種固定性，則我們可以認爲它們是一個特別類。但是，一條法律條文，是一個持久性不亞於建築形式的規定，但又是一種生理學事實；簡單的道德格言當然軟弱無力，但是它的形式要比簡單的職業習慣或時尚強大得多。另外，還存在著一系列中間階段，使特點十分明確的結構上定型的事實與社會生活中尚無固定形態的未定型事實密切地結合在一起。因此，定型的事實與未定型的事實之間，只在各自表現出來的穩定程度上有所不同，兩者都是凝聚成型的生活，只是凝聚的程度有高有低。當然，對於關係到社會實體的社會事實保留形態學的這一修飾語可能是有益的。但要有一個條件，即不能忘記這些社會事實在性質上是彼此一致的。至此，如果我們對社會事實作如下定義，這個定義就包括了它的全部內容：社會事實是所有行為方式，無論它固定與否，以外部限制的方式施加於個人；或甚至是已然普遍且全面地自我存在於一個給定的社會中，而與個體的表現無關。④

④ 人體與其結構，即人體與其器官及其功能的這種密切關係，不難在社會學上確定下來，因爲這兩個外項之間，存在著一系列可以直接觀察並證明兩者之間有聯繫的中項。生物學就沒有這樣的手段。但可以認爲，社會學在這方面使用的歸納法也可以用於生物學，在有機體中也和在社會中一樣，這兩類事實之間只有程度上的差異。

第二章　關於觀察社會事實的規則

第一條也是最基本的規則是：要把社會事實作為事物來考察。

一

當新出現的一種現象成爲科學的研究對象時，它們不但早就以感知的形象，而且甚至早就以某種大致定型的概念存在於人的頭腦。在物理學和化學一些基本原理形成以前，人們就已經對物理、化學現象有超過純感性認識的知識了，比如那些混在各種宗教裡的有關觀念。也就是說，實際上事物在人腦中的反映先於科學，而科學只是更有系統地利用反映所得的材料而已。人如果不對其周圍的事物形成一套用來指導自己行爲的觀念，就無法生存於這些事物中。然而，由於這些觀念比它們所對應的實在更近於我們、更便於我們理解，所以，我們自然傾向於以觀念來代替實在，甚至把它們作爲我們思考、推理的材料。我們不是去觀察、描述和比較事物，而只是滿足於理解、分析和整合自己的觀點；我們用觀念的分析去代替分析實在的科學。當然，這種分析並不一定排除各種觀察，可以借助事實去證明這些觀念或根據它們所得出的結論。但是，這時事實的介入只引起次要的作用，事實是作爲例子或證據被引用，而不是科學的對象。科學是由觀念到事物，而不是由事物到觀念。

顯然，這種方法無法得出符合客觀實際的結果。實際上，這些觀念或概念，不管人們給它們什麼樣的名稱，都不是事物的正當代替者。它們產生於日常的經驗，其主要的目的是使我們的行爲與周圍世界相協調，它們既是由實踐形成，又是爲實踐而形成。然而，人關於事物的表徵，即使在理論上是錯誤的，也能成功地完成這個任務。哥白尼早在幾百年前就已經清除了人們關於天體運行的錯覺，可是我們平常還是根據這種錯覺來安排我們的時間。要使一種觀念順利地引起事物本性所要求的運動，並不一定需要它忠實地反映該事物的本性，只要它能使我們感覺出該事物是有益的還是無益的、對我們會有用還是無用就足夠了。然而，如此形成的觀念只能近似地，而且也只能在大多數情況下顯示出上述實在的正確性。它們的危險性和不恰當同樣多，因此，無論用什麼方式去形成觀念，都永遠無法發現實在的法則。這種觀念好像是擺在我們與事物之間的一層隔閡，我們愈以爲它是透明的，就愈看不見事物。

這樣的科學不僅失去了根幹，而且無法得到賴以生長的營養，它剛一產生就枯萎了，可以說是變成了方術。實際上，由於人們將這些觀念和現實混淆，所以，這些觀念就被認爲是包含了現實中全部本質的東西。於是，似乎這些觀念裡就包含了不僅使我們能夠理解現實存在的事物，而且能夠使我們規定應該存在什麼和它們的存在手段所需要的一切。因爲認爲符合事物本性的東西是正確的，違反事物本性的東西是錯誤的，使力求正確而避免錯誤的手段同出於事物的這一本性，所以，當我們一下子掌握事物這個本質時，再繼續研究實在的事物就不再有實際用處了，而這個用處卻是這種研究的存在理由，以致這種研究今後也就沒有目標了。這樣，我們的思考就會離開屬於科學研究對象的東西，即離開過去和現實而企圖一躍奔向未來。我們的思考不是設法去理解既有和現有的事實，而是企圖去直接完成那些更加符合人們所追求的目標的新事實。當人們自以爲懂得什麼是物質的本質時，馬上就會去尋找點金石。①方術對科學的這種僭越阻礙著科學的發展，而激發人們的科學思考能力的環境則給這種僭越提供方便。因爲科學的思考只是爲了滿足生活上的需要而產生的，所以它一旦產生，自然要朝向實踐。科學的思考負責解決問題的需要總是迫切的，所以立即要求科學的思考去滿足，但是它要求滿足的不是讓科學的思考作出解釋，而是讓科學的思考提供解決辦法。

這樣的科學態度十分符合人們精神的自然傾向，以致在自然科學誕生的時候就被採用了。使煉金術和化學區別開來、星相學和天文學區別開來的，也是這種科學態度。培根在指摘其同時代的科學家們所使用的方法時，也採用了這種態度。我前面所說的概念，也就是培根所說的通俗概念（notiones vulgares）或預斷概念（prae notiones），②他指出這兩種概

---

① 中世紀的煉金師們一直在尋找這種可以點石成金的石頭。——譯者

② 見《新工具》（*Novum organum*），第一卷，第二十六頁。

念是一切科學的基礎，[3]用它們代替了事實。[4]這些都是假象（idola），即是一種使我們對事物的眞相產生幻視而誤認爲事物本來就是這樣的幻影。因爲這種幻境在我們的頭腦中沒有遭到任何抵制，所以我們不覺得有任何束縛，覺得自己力大無比，以爲單靠自己的力量就可以隨心所欲地建設、或更確切地說改造世界。

既然自然科學的情況都是這樣，那麼社會學就更不用說了。在社會學產生以前，人們就形成了關於法律、道德、家庭、國家和社會本身的觀念，沒有這些觀念，人們就無法生活。尤其在社會學裡（再次借用培根的話來說），這種預斷觀念能夠支配人們的思想和代替事物。實際上，社會上的事情只有透過人才能實現，它們是人的活動的產物。因此，它們無非是我們先天或後天的觀念的實現，無非是觀念在與人的相互關係並存的不同環境中的應用。家庭、契約、刑罰、國家、社會等的建立，就是作爲我們關於社會、國家、司法等觀念的簡單發展而出現的。因此，這些事實以及類似的事實，都似乎只有在人們的觀念中，並透過人們的觀念才具有實在性。人們的觀念是這些事實的根源，從而成爲社會學研究的合宜對象。

---

③ 同上書，第一卷，第十七頁。

④ 同上書，第一卷，第三十六頁。

這種看法之所以能確立，是因爲社會生活的細節無處不超越人們的意識，而意識卻沒有足夠的能力去感知這些細節的實在性。由於我們的感知沒有與社會生活建立起相當牢固而接近的聯繫，所以社會生活的一切細節極易留給我們完全沒有固定的、虛無縹緲的印象，成爲眞眞假假、捉摸不定的東西。正因爲這樣，才有那麼多的思想家把各種社會組織視爲是人爲的、甚至是恣意的結合。雖說我們沒有掌握社會生活的細節及其具體的和個別的形式，但我們至少可以大致地、近似地再現出集體生活的最普遍的側面。而正是這種簡單而粗略的再現，形成了我們在日常生活中所使用的預斷觀念。於是，我們懷疑這些預斷觀念的存在的想法也不可能有了，因爲我們在發現自己存在的同時就發現了它的存在。它不僅與我們並存，而且是一種反覆實踐的產物，所以透過反覆和積習便具有了一種影響力和權威。當我們力圖擺脫它時，就感到它在抵抗。於是，我們不得不把抵抗我們的東西視爲是實在的。因此，這一切都在促使我們把它看作是眞正的社會實在。

實際上，時至今日，社會學所專門研究的幾乎都是概念，而不是事物。的確，孔德說過，社會現象就是服從於自然法則的自然事實。從這句話來看，他隱含地承認了社會現象是事物，因爲自然界中存在的只有事物。但是，當他脫離這種哲學概括，試圖運用自己的原理並使科學擺脫這種哲學概括時，他還是把觀念作爲研究的對象了。實際上，他的社會學研究的主題是：人性從古至今的進步。出於這種觀念，他認爲人性的不斷進化就在於人性的不斷完善。而他所研究的問題就是發現這種進化的秩序。但是，假如存在著這種進化，那它的實在性也只是在科學一經成立後才能得到證實。因此，如果要把進化作爲社會學研究的對象，只能把它作爲一種思想上的觀念，而不是作爲一種事物來對待才行。實際上，這完全是一種主觀想像，而人性的這種進步其實是不存在的。所存在的和唯一可以觀察到的，是各有其生、興、亡過程的各自獨立的社會。如果說在這種生、興、亡過程中總是新的社會接續舊的社會，那我們可以把每一種新的社會形式都視爲它所繼續的舊的社會形式的簡單重複，只是比前者增加了某些內容而已。因此，我們可以把所有的這些社會形式一個一個連接起來，也就是說把處於同一發展程度的社會組成一個系列，或許可以認爲這個系列代表著人性的進步。但是，事實的表現並非如此簡單。一個民族代替另一個民族，不是使後者增加某些新的特點的簡單延續。它已是另一個民族，它的某些特性比原來多了，而另一些特性則比原來少了。它組成一個新的個體性，而所有這些單獨的個體，由於各具有異質性，所以不能把它們作爲同樣的個體排列成一個連續不斷的系列，尤其不能把它們排列成一個唯一的這種系列，因爲社會的相繼發展不是以幾何直線的形式出現，是更像一棵朝四面八方分枝的大樹。總而言之，孔德關於社會發展的觀念是他自己製造的，與一般人的淺見並無多大差別。實際上，不仔細觀察，很容易把歷史的發展看成是這樣簡單的連續系列。只看到了一代接著一代、世世相傳並因本性相同而走在同一方向的個人。而且，由於人們以爲社會的進化只是人性的某種觀念的發展，所以，用人性關於進化的觀念來界定社會進化，就是很自然的了。然而，這樣一來，不僅要停留在觀念的範圍之內，而且會把與眞正的社會學毫不相干的概念作爲社會學的研究對象。

史賓塞先生倒是排除了這個概念，但他是爲了以同樣的方法形成的概念來取代這一概念。他是把社會，而不是把人作爲社會學的研究對象。但在他隨即對社會下的定義裡，卻是以他對社會所作的預斷代替了他所說的事物。實際上，他是把「一個社會，只有在人人共處並合作的時候才能存在」，即只有這樣，人人的聯合才能成爲眞正的社會⑤這一原理作爲一個明確的命題提出來的。然後，他從合作是社會生活的本質這一原則出發，根據在社會中占有支配地位的合作的性質，把社會分爲兩類。他說：「一種是自發的合作，它是在追求個人目的的過程中進行的，但事先並沒有做任何安排；另一種是有意識地組織起來的合作，它以追求人們明確公認的公益爲目的。」⑥他稱第一類爲工業社會，第二類爲軍事社會。我們可以說，這種劃分是史賓塞社會學的原始理念。

然而，這個初步的定義把僅僅是一種精神上的東西當作了一種事物。實際上，這個定義只是表達了我們可以直接看到的，並用觀察可以充分證實的事實，而且，在這門科學建立之

---

⑤ 見史賓塞《社會學原理》（*The Principles of Sociology*）法文本第三卷，第三三一—三三二頁。（一八八二年英文版，第二卷，第二四四頁。——譯者）

⑥ 同上書，第三三二頁。（一八八二年英文版，第二卷，第二四五頁。——譯者）

初，就把這樣的表述作爲一項定理規定下來。但是，我們不可能透過簡單的考察而知道合作眞是社會生活的全部內容，只有先從考察集體生活的一切表現開始，而後證明這些表現都是合作的各種不同形式，這樣的斷言在科學上才有正當性。因此，這也是用一種特定的觀察社會現實的方法代替了社會現實本身。⑦如此下的定義不是社會而是史賓塞先生關於社會的觀念。史賓塞先生之所以如此輕率地下定義，是因爲他認爲社會只是而且只能是一種觀念的實現，即他給社會下定義時使用的合作的觀念的實現。⑧由此不難看出，他處理每一個單獨問題，都採用同樣的方法。因此，雖然看來他是在採用經驗主義的方法，但由於他的社會學所蒐集的事實主要是用來佐證他所作的觀念分析，而不是用來說明和解釋事物的，所以，最多只能把這些事實視爲一種論證。實際上，他的這套理論的全部實質性東西，都可以根據他對社會和不同合作形式所下的定義直接推斷出來。其實，如果我們只能在專橫地強加於我們的合作和自由、自發的合作之間進行選擇，則顯然後者是人類所追求的和應當追求的理想。

這些通俗的觀念不只見於科學的基礎理論，而且也常常被用於一切推論。我們目前的知

⑦ 而且，這種方法也可能是有爭議的（見《社會分工論》第一編，第二章，第三十節）。

⑧ 沒有社會就不能有合作，這也是社會存在的目的。（見《社會學原理》法文版，第三卷，第三三二頁，英文版，第二卷，第二四四頁。——譯者）

識水準，還無法使我們確切知道何謂國家、主權、政治自由、民主、社會主義、共產主義等等。因此，只要這些概念尚未科學地形成，我們就不要使用它們，乃是方法論之所望。然而，表達這些概念的詞語，都常在社會學家們的議論中出現。他們使用這些語詞時顯得那麼自然、自信，好像所表達的是一些人所共知的、已經確定了的事物似的。其實，這些只能使我們產生一些模糊的、混雜一些隱隱約約的印象、偏見和情感的混沌不清的觀念。今天，我們嘲笑中世紀的醫生以他們的冷、熱、乾、溼等觀念所作的詭譎論證，但沒有發現我們還在用同樣的方法，去解釋一批由於性質特別複雜而使方法本身無能爲力的現象。

在社會學的一些子領域裡，這種觀念性特點尤其明顯。

倫理學方面尤其如此。實際上，可以說沒有一個體系不是把道德看作是內含道德的一切能力的初始觀念的簡單發展的。這種觀念，有的人認爲是人生來具有的，有的人則認爲是在歷史的發展過程中逐漸形成的。但是，不論是前者還是後者，不論是經驗論者還是理性主義者，都認爲這種觀念是道德領域眞實存在的東西。至於法律和道德的一切規則，可以說都不是爲自身而存在的，而只是將這一基本觀念運用於生活的各個具體場合，並視情況將它多樣化而已。這樣，倫理學的對象就將不是一套缺乏實在性的箴言，而是作爲這一套箴言的基礎和表示這一套箴言的不同運用的觀念了。因此，通常倫理學所提出的問題，就不是與事物有關，而是與觀念有關了。問題是要知道什麼是法律觀念，什麼是道德觀念，而無須知道道德與法律本身具有什麼性質。倫理學家們至今尚未形成如下這種十分簡單的看法：正如我們對於可感知的事物的表徵是源自於這種事物本身，並相當準確地反映著該事物一樣，我們對於道德的表徵則是源自於我們現行的道德規則的作用本身，並概括地體現著它們；因此，跟物理學的研究對象是存在著的物體，而不是庶民百姓關於物體的觀念一樣，倫理學研究的材料是這些道德規則，而不是我們關於道德的粗淺看法。由於沒有達到這樣的認識，人們就把只能作爲道德的末節的東西，即道德在個人意識中持續存在並欲長期留存的方式作爲道德的基礎了。而且，這種方法不僅被用於倫理學的最一般問題，同樣也適用於那些特殊問題。倫理學家由研究一些基本觀念開始轉而研究關於家庭、祖國、責任、仁愛、正義等次要的觀念，但總是在概念層次上的思考。

在政治經濟學方面也是如此。斯圖爾特·密爾說，政治經濟學的研究對象，是主要或只是爲了獲得財富而發生的社會事實。⑨但是，爲了使這樣定義的事實能夠作爲事物供學者觀察，至少應該指出根據什麼標記才能辨識出完全符合這種條件的事實。然而，政治經濟學在其誕生之初，甚至沒有權利斷定存在著這種事實，更不可能知道它是什麼樣的了。實際上，在任何一項研究中，只有在對事實的解釋達到一定地步時，才可能確定事實有其目的和它的目的是什麼。十分複雜的問題沒有可以立即找到解決辦法的。可見，沒有什麼東西可

---

⑨ 見《邏輯體系》，法文版，第三卷，第四九六頁。（一八七二年英文版，第二卷，第四九六頁。——譯者）

以使我們事先確信，存在一種確實由追求財富的欲望在其中引發這種決定性作用的社會活動。因此，被這樣理解的政治經濟學的對象，就不是由可以摸得到的實在東西構成，而只是可能而已，由純屬頭腦創造的概念，即由被經濟學家理解爲合乎其設想的目的並以所理解的原貌出現的事實構成。例如，請看他是如何著手研究被他稱之爲生產的這個問題的。他以爲一下子就可以列舉出生產得以進行的一切主要因素，並對它們進行考察。也就是說，他沒有觀察他所研究的事物是依據什麼條件而存在的，就確認了這些因素的存在，因爲這時他要從闡述他據以得出這一結論的各項經驗開始。即使他在研究之初對這種列舉作了簡要解說，那也是以簡單的邏輯分析進行的。從生產的觀念開始，經過對這個觀念的分析，他發現生產的觀念與自然力、勞動、工具或資本的觀念有邏輯上的聯繫；然後，他又以同樣的方法去研究這些派生的觀念。⑩

在所有的經濟學理論中，價值論是最基本的理論，而這種理論也顯然是依據這樣的方法建立起來的。如果經濟學家像研究實在的東西那樣去研究價值，那我們就會發現，他首先要指出如何認識被稱爲價值的這種事物並將它們分類，再根據它們出現差異的原因進行有系統

---

⑩ 經濟學家們的一些用語，都表現出這種特點。他們經常提到的觀念有效用、儲蓄、投資、消費等。（見紀德《政治經濟學原理》第三卷，第一章第一節、第二章第一節、第三章第一節。）

的歸納，最後透過比較其不同結果得出一般的公式。由此可見，只有科學達到足夠的高度時才能形成理論。然而，經濟學家不是這樣，他們是先製造理論，然後進行科學研究。而爲了製造理論，他們只滿足於冥思苦索，想出一個他們認爲可以成爲價值的東西，即可以互相交換的東西的觀念；他們發現價值的觀念與效用、稀少等的觀念有著密切的聯繫，並用他們的分析所得的這些產物作出了價值的定義。當然，他們還用一些實例去證明這個定義。但是，如果想到這樣的理論應當解釋的事實是不可勝數的，那麼，怎能接受想必是稀少、是偶然取而爲證，用此來做爲最不具效果的事實呈現呢？

可見，也與倫理學一樣，在政治經濟學當中，科學研究所占的部分不大，而技術的部分則占優勢。在倫理學方面，理論部分只限於對義務、善和權利的觀念進行某些討論。而且這些抽象的討論，嚴格說來也算不上科學，因爲這些討論的目的不是審定現實存在的最高道德規則實施得如何，而是規定最高道德規則應該是什麼。同樣，在經濟學家的研究中占重要位置的，則是弄清楚諸如：社會應該是按照個人主義者的想法來組織，還是按照社會主義者的想法來組織？國家應該干預工商業活動，還是完全讓個人發揮其創造精神呢？貨幣制度應該是單本位制還是複本位制等等問題。在這裡，眞正的法則是不多的，就是那些人們習慣上所稱的法則也普遍名不副實，不過是行爲的規則或貌似法則的實踐箴言而已。比如，有名的供求法則就是如此。它絕不是作爲經濟現實的表現而歸納出來的。從來就沒有一種經驗、一種可信的比較曾經證明經濟關係實際上是遵循這個法則運行的。人們所能做到的一切和已經做到的一切都在辯證地證明，個人要想大獲利益，就應該按照這個認識行動，其他任何做法都是有害的，而且會因別人採用這個做法使自己吃虧。從邏輯上來說，生產效率最高的工業部門將是人們最願意經營的部門；需求最大而稀少的產品的持有者，將以最高的價格出售其產品。但是，這個純屬邏輯上的必然性，與眞正的自然法則的必然性毫無共同之處。眞正的自然法則所表現的是眞正使事實聯繫起來的關係，而不是按照人們的希望使事實聯繫起來的關係。

以上關於供求法則所述的一切，也可適用於被正統經濟學派稱爲自然法則的，但其實只是一些個殊的案例。如果你願意的話，把它們提示的用以解決預定目的的手段看成是自然的或貌似自然的，則稱它們爲自然法則亦可。但是，如果秉持歸納法確立的自然存在的一切方式來理解，又不應該稱它們爲自然法則。總之，它們只是實踐智慧總結出來的忠言，即使它們能夠或多或少地反映現實本身，那也是因爲：不管正確與否，人們原以爲可以假定這些忠言在一般情況下實際上會被大多數人所遵循。

然而，社會現象是事物，而且應該把它們作爲事物來研究。爲了證明這一命題，既不必對社會現象的本性進行哲學思考，又不必就社會現象與其他現象的異同問題展開討論。只要確認社會現象是社會學家的唯一的資料就夠了。實際上，凡是供我們觀察的一切，凡是呈現在我們面前的一切，或更確切地說，凡是要求我們觀察的一切，都是事物。把社會現象作爲事物來研究，就是把社會現象作爲構成社會學研究的出發點的資料來研究。社會現象無可爭辯地具有這種特性。供我們觀察的材料不是人們關於價值的觀念（因爲價值是無法觀察的），而是在經濟關係中實際進行交換的價值；不是任何關於道德的概念，而是眞正決定人們行爲的全部道德規則；不是關於效用或財富的觀念，而是關於經濟組織的全部細節。可以認爲，社會生活是某些觀念的發展，但作了如此假定，這些觀念也就不是直接的資料了。人們不能直接獲得這些觀念，而只有透過表現這些觀念的可感知的現實來獲得。我們不能先驗地知道反映著社會生活的各種不同的潮流，而只是沿著潮流追溯到源頭以後，才能知道它們來源於什麼觀念和是否有這種觀念。

因此，我們應該使社會現象與在頭腦中把它們表徵出來的主體分開，而對社會現象本身進行考察。我們要把社會現象作爲外在的事物從外部來研究，因爲它們本來就是作爲這樣的東西呈現在我們面前的。雖說這種外在性只是表面的，但錯覺會隨著科學的發展而消失，也可以說是人們將體驗到外部的東西進入內部的過程。但是，最終的結果無法預測，甚至最後當社會現象沒有表現出事物的一切內在（本有）特性時，我們也必須一開始就把它們當作是具有這種特性的東西來研究。因此，這一規則毫無例外地適用於全部社會現實。甚至那些看上去顯然是人爲的現象，也應該以這種觀點去觀察。一種常規或建制的契約性永遠不應該事先規定。⑪再說，如果讓我援引自己的經驗，我可以保證：在採用這種方法時，人們只要看到表面上看來最變化無常的事實，經過周密認眞的觀察後而具有象徵其客觀性的穩定性和法則性的特點，就往往心滿意足了。

而且，一般說來，上述的關於社會事實的明顯特徵的論述，已足以使我們相信這種客觀性的性質，以及證明這種客觀性並非錯覺。實際上，人們在認識一個事物時，主要要依據它不以人們的簡單願望而改變這個特徵。這不是說事物是一成不變的，但是，要使事物發生變化，只憑願望是不夠的，還必須付出一些辛勤的努力，因爲事物要進行反抗，而且我們不一定總能戰勝這種反抗。結果我們發現，社會事實都具有這樣的屬性。它們非但不是我們的意志的產物，反而從外部決定著我們的意志。社會事實好像是鑄模，我們的行爲必須由此鑄造出來，甚至這種必然性往往是我們所無法逃避的。即使我們經過努力戰勝了它，我們所遇到的反抗力也足以說明，我們面臨的那個事實不因我們而變化。因此，我們在把社會現象作爲事物來研究時，只能順應它們的性質。

終究，社會學所要進行的改革，在各個方面都與近三十年來使心理學發生了變化的改革一樣。如同孔德和史賓塞先生承認社會事實是自然的事實，但並沒有把社會事實作爲事物

---

⑪ 這是涂爾幹對霍布斯和盧梭的社會契約論的批判。參閱本書第五章之四。——譯者

來研究一樣，各經驗學派長期以來均承認心理現象的自然性，但在研究心理現象時卻依然採用純觀念論的方法。實際上，經驗主義者與他們的反對者並沒有不同，都完全用的是內省法。然而，我們不能全憑自身的經驗去觀察事實，而且以這種辦法觀察到的事實也是很少、轉瞬即逝、變化無常的，以致不能對我們早已在習慣上形成的關於該事實的觀念產生影響和發號施令。因此，當習慣上形成的觀念受不到其他制約時，就再沒有什麼東西與之抗衡了，於是取代事實而成爲社會學研究的對象了。無論是洛克還是孔狄亞克，都沒有客觀地研究心理現象。他們所研究的不是感覺，而是關於感覺的特定觀念。因此，雖然他們在某些方面爲科學的心理學的誕生做了準備，但只是在很久以後，當在人們終於認識到意識的狀態可以、並且應該從外部，而不是透過感知意識狀態的意識觀點來觀察的時候，科學的心理學才算眞正誕生，這是心理學研究上完成的一次偉大的革命。至於所有的特殊辦法，使這門科學豐富起來的所有新方法，都只是更加全面實現這一基本思想的不同手段而已。這也正是社會學應當取得的進步。社會學應該從它還沒有擺脫的主觀階段走出來，而走向客觀階段。

何況，社會學上的這一過渡，並沒有在心理學上那麼困難。實際上，心理事實就其本質而言是作爲主體狀態出現的，甚至好像與主體是不可分離的。因爲心理事實本來是內在的，所以似乎只有損害它的本性才能把它說成是外在的。而硬要這樣把心理事實作爲外在的事實來處理，就不僅要努力的抽象推理，而且還要一套辦法和技巧。與此相反，社會事實非常自然地和直接地具有事物的一切特性。法律訂在各種法典之中，日常生活的變遷記載於統計數字和歷史文物之中，時尚表現於服飾之上，品味存在於藝術品之中。它們支配著個人的意識，所以能依據自身性質形成於個人意識之外。因此，把它們視為事物來觀察就不必想方設法扭曲它們了。從這一點來看，社會學比心理學具有一種至今尚未發現而且必將促進社會學發展的優勢。社會學的事實也許難於解釋，因為它們比較複雜，但與心理事實相比，更容易掌握。與此相反，心理學不僅不容易確定其事實，而且不容易理解它們。因此，我們可以認為，當社會學方法的這一原理被普遍承認和加以實施時，人們將會看到社會學必以當前的緩慢發展所無法想像的速度向前進，甚至趕上只因發展較早而先行的心理學。⑫

二

但是，前人的經驗告訴我們，要保證在社會學研究中實際運用剛才所確立的眞理，只有理論上的論證和思想上的體驗是不夠的。人們的思想有一種不願意承認眞理的自然傾向，所以不遵從一種嚴格的規訓，就不可避免地要重走過去的老路。規訓的主要規則，是前一節得

⑫ 的確，社會事實的十分複雜性使社會學遇到的困難更多了。但是，它也可以得到補償。確切地說，因為社會學是一門新興學科，它可以得益於其他學科已經取得的進步，並從其他學科中得到啓迪。社會學要加快發展，這種利用現成經驗的辦法是必不可少的。

來的推論。

㈠這項推論的第一條是：必須始終如一地擺脫一切預斷。無須對這條規則作專門的論證，它是我在前面所作的全部論述的結果。此外，它也是一切科學方法的基礎。笛卡兒的方法論懷疑實際上只是對這一條規則的運用。笛卡兒在創立其科學方法時之所以規定了一條要懷疑他先前所接受的一切觀念的原則，是因爲他只想用有科學根據的概念，即根據他創立的方法確定的概念。因此，其他來源的一切概念均應拋棄，至少暫時要拋棄。我們已經看到，培根的假象論也具有這種意義。這兩個經常彼此對立的偉大學說在這一點上卻是一致的。因此，對於社會學家來說，無論是在確定自己的研究對象時，還是在進行論證的過程中，都必須絕對禁止使用科學之外和不爲科學所需要而製造的概念。他們應該從支配大多數人思想的明顯謬誤中解脫出來，徹底打破日積月累而最後套在他們脖子上的經驗範疇的枷鎖。萬一不得不利用這一範疇時，至少應該意識到它是沒有多大價值的，以便不讓它在學說中引發它不該有的作用。

但是，在社會學上，由於感情的參與，打破這個枷鎖特別困難。實際上，我們在政治信仰、宗教信仰和道德規範方面表現出的熱情，與我們對物質世界的事物表現出的熱情是截然不同的。因此，這種感情上的特點影響著我們對政治信仰、宗教信仰和道德規範的認識和理解的方式。我們對於政治信仰、宗教信仰和道德規範形成的觀念與它們所代表的客體一樣，深深地印在我們的腦中，並具有一種不容反抗的權威。凡與此相反的觀點，均被視爲敵人。比如，一種與人們已經形成的愛國精神或個人尊嚴的觀念不一致的主張，無論它有何根據都會被否定。人們不會承認它是眞實的，只會拒絕它，而不讓主張者表白。而且人們要爲自己辯解的情感，不難提出一些大家難以推翻的理由。這些觀念甚至能有一種拒絕接受科學檢驗的威力。只要對它們所支配的事實和它們所指的現象進行冷靜嚴格的分析，就會使某些人感到不快。在這些重視感性的人看來，一切試圖把道德作爲外在的現實從外部加以研究的人都缺乏道德感，就像常人把活體解剖家看成是缺乏通常的人性一樣。人們非但不承認感情屬於科學的研究範疇，反而認爲，要對與感情有關的事物作科學研究，必須求助於感情。一位能言善辯的宗教史學家寫道：「一個學者在他研究神的事情之前，卻沒有在意識的深處，在有祖先的靈魂安息的、使自己的存在不滅的祕府，建起香煙繚繞的未名神殿，寫下一行讚美歌，聽到自己在孩童時期仿效自己的哥哥向上蒼喊出的，使自己突然間與苦口的預言者感性交流起來的悲痛的或勝利的呼聲，眞是太不幸了。」⑬

這種神祕學說，同一切神祕主義一樣，實際上只是一種僞裝了的經驗主義，是對全部科學的否定，無論多麼反對它都不算過分。對於社會事物的感情與其他方面的感情相比，沒有特別優越之處，因爲它們的根源是相同的。它們也是在歷史上形成的，是人的經驗的產

⑬ 見達姆斯特泰爾（J. Darmesteter）《以色列的預言家們》（*Les Prophètes d'Israël*），第九頁。

物。然而，這個經驗是混雜、不成系統的。它們不是來自於一種我也不清楚的、關於現實的、先驗的預感，而是隨著環境的變遷偶然地、雜亂無章地積累起來的、沒有加以有系統的解釋的全部印象和感受的結果。它們並非沒有向我們提供高於理性之光的光明，反而在我們面前呈現出一種確實強大但完全是混亂的狀態。如果對這樣的感性賦予優越性，那就等於承認低智力優於高智力，等於強迫自己做強詞奪理的空談。這樣構成的科學只能滿足那些願意透過感覺而不願意透過領悟來思考問題的人。這種人寧願作感性的直接而含糊不清的綜合，而不願作理性的耐心細微而明晰的分析。感情是科學研究的對象，而不是科學的眞理的標準。再者，沒有一門科學在它誕生之初沒有遇到類似阻力。有過這樣一個時期：人們關於物質世界的事物的感情，由於本身具有宗教和道德的特性，而曾經成爲創立物理學和化學的不小阻力。因此，我們可以相信，相繼被各門科學所驅除的這種偏見，最終也會從它的最後避難所——社會學中消失，而使社會學家獲得自由活動的場所。

㈡但是，上述這條規則完全是消極性的，它只教給社會學家擺脫通俗概念的控制，把注意力轉到事實上來，而沒有說明社會學家應該如何去掌握事實作客觀的研究。

任何一項科學研究，都有一群符合同一定義的現象。因此，社會學家的第一步工作應該是定義他所研究的事物，以使自己和他人知道他在研究什麼。這是一切論證和檢驗所最不可缺少的首要條件。實際上，一種理論只有在人們確認了它所應解釋的事實時，才能對它進行檢驗。另外，由於科學的研究對象本身是根據這一基本定義規定的，所以這個對象究竟是不是科學所研究的，則隨這個基本定義而定。

爲使這個基本定義成爲客觀的，顯然不能根據人們的觀念來表達現象，而應根據現象本身內在特性來表達之。這個基本定義確定現象的特點的依據，應該是現象的性質的組成因素，而不應該是現象與人們關於它的比較理想的觀念的一致性。可是在剛剛開始研究的階段，我們還沒有對事實作任何分析時，我唯一能觸及的事實的特點是那些只能直接觀察到的外在的特點。而那些深藏在內部的特點無疑是最根本的特點。它們具有很高的解釋能力。但是在科學發展的這個階段，它們還沒有被人們認識，只有在人們以某種思想觀念代替現實時，才能提前被人認識。因此，我們要從外在的特點中去尋找基本定義的內容。另外，這個定義顯然應該毫無例外地和不加區別地包含具有這一相同特點的全部現象，因爲我們既沒有任何理由，又沒有任何辦法從它們當中進行選擇。這些特性便是我們對現實的全部認識，所以，在我們以解釋方式對事實進行歸類時，它們應該發揮決定性作用。我們沒有任何別的標準可以中止前一標準產生的效果，哪怕只是部分也好。由此得出如下的規則：只應取一組預先根據一些共同的外在特徵而定義的現象作為研究的對象，並把符合這個定義的全部現象收在同一研究之中。比如，我們可以找到某些具有所有這種外部特徵，而一經完成就必然引起社會對它們作出我們稱之爲「懲罰」的反應的行爲。我們把這些行爲歸爲自成一類，並給它加上一個共同的名稱，稱一切受到懲罰的行爲爲「犯罪」，把如此定義的犯罪作爲一個專門學科即「犯罪學」的研究對象。同樣，在至今已知的所有社會裡，我們都可以看到其中存在著局部社會，從其外在特徵可以斷定，它們是由具有血緣關係（大部分是這樣）並相互用法律紐帶聯繫在一起的個人組合而成的。我們把帶有這種關係的事實專門歸爲一類，並冠以一個專門名稱，稱之爲家庭生活現象。我們稱所有這類集合體爲家庭，而把如此定義的家庭作爲專門研究對象，但這樣的研究在社會學的術語裡還沒有確定的名稱。以後當人們從研究一般家庭過渡到研究不同類型的家庭時，也會採用同樣的規則。例如，當人們著手研究氏族、母系制家庭或父系制家庭時，就得先按照同樣的方法給它們下定義。我們研究任何問題，不論是一般問題還是特殊問題，都得按照同樣的原則來確定其對象。

如果社會學家掌握了這種方法，那他一開始就能直接立足於現實之中。實際上，這樣劃分事實的方法並不取決於社會學家本人，即不取決於他的特殊才智，而取決於事物的本性。我們把事實劃歸某些的範疇所依據的指標可以公開並得到眾人的承認。一個人經過觀察得出的判斷亦可以由別人檢驗。當然，這樣形成的觀念並不總是或完全不能與人們通常的觀念一致。比如，顯而易見，自由思想或違犯禮儀的行爲，在許多社會裡是要受到正規而嚴厲的制裁的，但就常識而言，不能被看作是對該社會的犯罪。同樣，氏族也不是通常所說的家族。但這並不重要，因爲問題在於：我們不是要簡單地發現一種方法，使我們能夠相當準確地找出日常用語及其所表現的觀念所指的事實。我們所需要的是，創造一組適合於科學需要並借助專門術語表達的新概念。當然，這並不是說通俗的概念對於學者毫無用處；不是的，它們是一種指標。透過這一指標，我們可以知道以同樣名稱結合在一起，從而必然具有共同特性的一群現象存在於何處，並且因爲它始終要與現象有著一定的聯繫，所以它有時可以大致向我們指出應該到何處去尋找這群現象。但是，由於通俗概念的形成是很粗糙的，所以，它們自然不可能與由於必要而創造的科學概念完全一致。⑭

這條如此明確而重要的規則，竟絲毫沒有被社會學所遵守。這是因爲社會學所討論的諸如家庭、財產、犯罪等問題都是我們常掛在嘴上的，以致社會學家往往認爲不用給它們預先下一個明確、嚴格的定義。我們已經習慣於使用這些在我們日常會話中反覆出現的詞語，以致覺得不需要用明確通用的詞語詞義了。人們只是按照這些詞的一般意義去使用它們。但它們往往是多義詞。這種一詞多義使人們把實際上極不相同的事物冠以相同的名稱，並作相同的解釋，因而造成難以釐清的混亂。比如，有兩種一夫一妻制；一種是事實上的，另一種是法律上的。在第一種制度下，丈夫只有一個妻子，而法律可以允許他有幾個妻子；在第二種制度下，法律禁止一夫多妻。事實上的一夫一妻制在許多種動物和某些未開化的社會中並

⑭ 在實際工作中，我們總是先使用通俗概念和常用字詞。並且要在這些字詞模模糊糊所指的事物中尋求哪些是具有共同的外在特徵的。如果存在著這樣的事物、如果由這樣相近的事實的組合而形成的概念，即使不是完全地（這種情況不多），但至少是大多數與通俗概念相吻合的話，那麼，我們就可以繼續用通俗概念所用的字詞來表達這些相近的事實，並在社會學中保留日常用語中的字詞。但是，如果兩者之間差距很大，以及通俗概念和大多數應當區分的概念相混淆，那就必須創立新專門術語了。

不少見，與法律所規定的制度具有同樣的普遍性。在野蠻人散居在廣闊大地、社會聯繫極少、每個人各自獨立生活的那個時期，每個男人就自然力求得到一個妻子，而且只是一個妻子。因為在那種孤立生活的狀況下，一個男人很難有幾個妻子。相反，強制的一夫一妻制則只見於較文明的社會。可見，這兩種婚姻關係有著截然不同的意義，而人們卻對它們冠以相同的名稱。比如，人們通常說某些動物實行一夫一妻制，但那裡卻毫無與法定的義務相似的東西。然而，史賓塞先生在研究婚姻制度時，就是根據一般含糊不清的意義使用一夫一妻制這個詞的，而沒有給這個詞下一個明確的定義。由此可見，在他看來，婚姻的發展有一種不可理解的反常現象，因為根據他的考察，認為在歷史的最初發展時期出現的兩性結合的高級形式，很快就在中間一個時期消失了，而在這個時期過後，卻又重新出現了。他由此得出結論：在社會的全體進步與家庭生活不斷向完美形式的發展之間，不存在法則性的關係。如果他的定義恰當，也許會避免這種錯誤。⑮

在其他研究中，人們也很注意界定他們所研究的對象。但是，他們不是把具有相同的外在特徵的一切現象都收於同一定義之下，歸類於同一名稱之下，而是在其中進行挑選。他

---

⑮ 同樣，由於沒有恰當的定義，曾使人們有時認為，民主制度也是出現於歷史發展之初和其末的。但實際上，最初的民主制度和我們今天的民主制度是有很大的差別的。

們從中選出若干所謂的精英，即被他們認爲是獨具這種特徵的現象。至於其他現象，則被認爲是僭取了這種明顯的特點，不在入選的考慮之內。但不難預見，採取這樣的辦法只能得出主觀的、不完全的觀念。其實，這樣的選擇法只能根據先入之見來進行，因爲在科學的起始，任何一項研究都還來不及制定這種僭取辦法——即便這種僭取是可能的。被選出的現象僅僅是因爲它們比其他現象更符合他們對於這種現實形成的理想觀念才當選的。比如，加羅法洛先生⑯在他的《犯罪學》一書中，一開始就極力地證明，這門科學必須以「犯罪的社會學觀念」⑰爲出發點。但是，他在確定這個觀念時卻沒有不加區別地比較不同社會裡由於法的懲罰而受到遏制的一切行爲，而僅僅是選擇了其中某些行爲，即拿違背了道德感的通常的、不變的部分行爲作比較。至於因時代的發展而已經消失的道德情感，在他看來，它們沒有扎根於事物的本性，因爲它們未能存在下來。因此，那些因違背這種道德情感而被認爲是犯罪的行爲，只能在偶然的、或多或少病態的環境下被稱爲犯罪。但是，他這種取此去彼的選擇完全是按照他個人的道德觀念進行的。他的出發點是：認爲道德的進化在其最初和以後

---

⑯ 加羅法洛（Raffaele Garofalo，一八五一－一九三四），義大利法學家，義大利犯罪學派的創立人之一。——譯者

⑰ 見《犯罪學》（*Criminologie*）第二頁。（一八八八年法文版。——譯者）

都伴有各種雜物和不潔之物，後來才被逐漸排除，而到了今天，才達到排除最初妨害其前進的一切偶然因素的地步。但是，這項原則既不是自明的公理，又不是已被證明的眞理。它只是沒有得到任何證明的假說。道德感的可變部分扎根於事物的本性的程度，不亞於不變部分。前者發生的變化只顯示事物本身發生了變化。在動物學裡，不能認爲低等動物的特殊形態不如在動物進化系統的各個階級重複出現的形態更符合自然。同樣，在原始社會被非難爲犯罪，而後來不再被這樣認爲的行爲，與今天我們仍在繼續懲治的行爲完全一樣，對這個社會而言是眞正的犯罪。前者符合社會生活的可變條件，後者符合社會生活的恆定條件。但無論是哪方面，都不比另一方更符合自然。

再則，當這些行爲被不當地賦予犯罪學的性質時，也不應該把它們與其他行爲徹底分開，因爲一種現象的病態形式並不具有常態形式具有的那種性質，從而要確定這種性質，既必須考察前者，又必須考察後者。疾病與健康並不是完全對立的，它們是同一屬中的兩個變種，互爲對照。這條規則無論在生物學上還是在心理學上，長期以來都得到人們的承認並被應用，所以也同樣應當得到社會學家的尊重。如果不承認同一種現象有時可以由這一原因引起，有時可以由那一原因引起，也就是說，如果不否定因果定律，那麼，以異常方式使一種行爲具有了明顯的犯罪特徵的原因，就不可能和用正常方式造成同樣後果的原因，在種屬上有所不同。兩者只在程度上有所不同，或者是因爲它們不是在同一個總體環境下出現而有所不同。因此，異常的犯罪仍然是一種犯罪，應該包含在犯罪的定義裡。是不是這樣了呢？而是像加羅法洛先生那樣，把只是屬於種的東西或簡單的變種列爲屬了。符合他所下的犯罪行爲定義的事實，僅僅是該定義所應包含的罪行的極小一部分，因爲他的定義既不包括宗教犯罪，又不包括違反禮節、禮儀、風俗等的犯罪。這些方面的犯罪雖然在我們現代的刑法裡已不再定爲犯罪，但在以往社會的所有刑法裡都被定爲犯罪。

有些學者不承認野蠻人的各種道德，也是犯了同樣的方法錯誤。⑱他們從這樣一種觀點出發：只有我們今天的道德才是道德。但顯而易見，我們今天的道德在原始民族那裡是沒有的，或者說還只是處於萌芽狀態。但是，這樣的定義未免太武斷了。如果使用我的規則，則一切都得改變。要確定一項戒律是不是道德的，我們應該看它是否具有道德的外在特徵。這種特徵表現在一種普遍制裁措施上面，即一切違犯戒律的行爲受到輿論譴責上面。每當我們遇到具有這種特性的事實，都沒有權利否認它的道德之名，因爲這顯示它與其他道德事實具有同樣的性質。但是，此類衡量道德的標準不但見於低級社會，而且更多地見於文明社

---

⑱ 見盧伯克（Lubbock）《文明的起源》（*Les Origines de la Civilisation*）第八章*。——還有人說得更徹底，說古代的宗教是非道德的或不道德的。這種觀點也是錯誤的。其實，古代的宗教有其自己的道德。

*盧伯克（John Lubbock，一八三四—一九一三），英國人類學家。此書的英文原名「*Origins of civilization*」，法譯者爲巴爾比埃（E. Barbier）。——譯者

會。現在任由人們自己決定的許多行爲，在低級社會裡都是強制性的。可見，沒有定義、或沒有下好定義，什麼謬誤都可能發生。

但是有人會說：只根據外在特徵對現象下定義，不是賦予表面上可見的特點以比基本屬性還重要的優勢了嗎？不是眞正推翻邏輯程序，本末倒置地看待事物嗎？比如，用懲罰來給犯罪下定義，那就幾乎不可避免地要被人指責說，這是硬要把犯罪看成是由懲罰造成的，或者用一句眾所周知的名言說，這是主張到斷頭臺，而不是到應贖之罪中去找受辱的原因。但是，這種指責出自一種混淆。因爲我在上面已經指出，這個規則的定義是在科學研究之初作出的。所以它不可能以表達現實的本質爲目的，而只能使我們將來去達到這一目的。它唯一的職能是使我們能夠與各種事物建立聯繫，而這些事物只能從外部由理智去獲取。所以定義也就只能根據事物的外在屬性來表達，但並沒有由此而對事物作出解釋，而只是爲我們提供了解釋事物所必需的基本依據。當然，不是懲罰造成了犯罪，犯罪只是由於懲罰才明顯地暴露於我們眼前。因此，我們要想明白何爲犯罪，必須從研究懲罰著手。

上述的反對意見，只有當這些特徵既是外在的，同時又是偶然的，也就是說，當事物的外在特徵與其基本特性毫無聯繫時，才能成立。實際上，在這種條件下，科學指出這些特徵以後，就毫無辦法向前發展了。它也不可能深入到現實中，因爲表層和底部之間沒有任何關係。但是，只要因果定律不是無稽之談，那麼，在被確定的特徵毫無例外地同時存在於某一範疇的全部現象中時，我們就可以肯定，這些特徵與這些現象的本性有著密切的聯繫，並符合這種本質。如果某一類的行爲也具有一種與刑事制裁有關的性質，那麼，在懲罰與這種行爲的結構屬性之間就必然存在著一種內在的聯繫。因此，即使這些屬性是表面的，只要對它們進行有系統的觀察，就會像科學家指明一條更加深入研究事物的途徑；它們是科學在隨後的解說過程中不斷延長的鏈條中必不可少的第一個環節。

因爲事物的外在特性是透過感覺而呈現在我們面前的，所以我們就可以總結說：科學要想成爲客觀的，其出發點就不應該是非科學地形成的概念，而應該是感覺。科學在最初所下的一些定義，應當直接取材於感性資料。實際上，只要我們想像一下科學事業包括哪些內容，就足以理解科學是不能由別的方法進行的。科學需要能夠準確地表達事物的概念，也就是需要表示事物的本來面目的概念，而不需要爲了便於實踐而想像出來的概念。那些不是在科學作用之下形成的概念並不符合這個條件。因此，科學必須重新創立概念，而要做到這一點，就必須放棄一般使用的觀念和表達這些觀念的詞語，重新回到一切概念的形成所必需的第一手材料——即感覺上。所有的一般觀念，不論是正確的還是錯誤的，不論是科學的還是不科學的，都只能來自感覺。因此，科學的或理論知識的出發點，也不外是通俗知識的或實際知識的出發點。只是以後在加工這些共同的素材時，才開始把兩者分開。

(三)但是，感覺很容易是主觀的。因此，在自然科學中，以避免使用容易夾雜觀察者的個人主觀成分的感性材料，而只採用具有足夠的客觀性的感性材料爲規則。比如，物理學家就是用溫度計和電位計顯示的可見表徵來代替他們對氣溫與電的模糊印象的。社會學家也應當採取同樣的愼重態度，他們在爲自己的研究對象下定義時所依據的外在特徵應該盡可能是客觀的。

原則上可以這樣說：社會事實愈是充分地擺脫體現它們的個體事實，就愈能使人得到客觀的表徵。

實際上，對於一種感覺來說，它所觸及的客體愈固定，它就愈客觀，因爲一切客觀性的條件，是要有一個固定的、始終如一的、使表徵能夠聯繫起來的、能使感覺排除一切變化不定的因素即主觀因素的基準點。如果所定的唯一基準點本身就是變化不定的，不斷以不同的姿態出現，我們就沒有任何一種共同的標準了，我們也就沒有任何手段來分辨我們的印象中哪些是取決於外部的，哪些是來自我們主觀的。然而，只要社會生活沒有擺脫體現它的各個個別事件而自己單獨形成時，社會生活就恰恰具有這樣的特點，因爲這些個別事件隨時隨地都在改變它們的面貌，而社會生活又與它們不可分離，所以，社會生活就會受到個別事件的流動性的影響而變化不定。這樣，社會生活就由永遠處於變化之中的、觀察家的視線無法一直盯著的自由潮流組成了。這就是說，學者不能從這方面著手研究社會現實。但是，我們知道，社會生活具有一種既使自己保持同一性又能使自己結晶化的特性。集體的習慣除了反映它所制約的個人行爲以外，還以法律條款、道德規則、民間格言、俗語和社會構造的事實等固定的形式表現出來。由於這些形式是長久存在的，而且不因它們不同的應用而變化，所以它們是觀察家們能夠經常看到的、不給主觀印象和個人所見留下活動餘地的固定客體或永恆標準。法律的條款怎麼規定就怎麼執行，不能對它有兩種理解。另外，由於這些社會慣例都已是固定化的社會生活，所以只要沒有出現違反這些慣例的情況，則透過它們研究社會生活就是合理的。[19]

因此，當社會學家試圖研究某一種類的社會事實時，他必須努力從社會事實脫離其在個人身上的表現而獨立存在的側面進行考察。我正是根據這一原則，對於社會的團結互助及其不同形式和演進，透過表現它們的一系列法律作了研究的。[20]因此，如果我要根據旅行家、（有時候是）歷史學家爲我們提供的文學描寫來區別不同形式的家庭並將它們分類，我們就有可能混淆最不相同的家庭形式，把相差甚遠的家庭類型歸於一類。反之，如果我們把家庭的法定結構，特別是繼承法作爲這種分類的基礎，我們就有了一個雖然使我們不能全無錯誤，但至少可以避免許多謬誤的客觀標準。[21]要想對各種不同的犯罪行爲進行分類，該怎麼辦？這時，必須努力恢復各種犯罪環境下採用的生活方式——即職業習慣的原貌，從而認識

---

⑲ 比如，可以有理由認爲，在一定的時候，當法律不再表示社會關係的眞實狀態時，這種以慣例代替社會生活的研究就不合理了。

⑳ 見《社會分工論》I，1。

㉑ 見拙著《家庭社會學入門》（*Introduciton à la Sociologie de la Famille*），載於一八八九年《波爾多文學院年鑑》。

這種習慣以種種形式反映出來的一切犯罪類型。如從風俗和民間信仰入手，我們就得借助於反映風俗和民間信仰的諺語、俗語來進行研究。當然，在這樣做的時候，我們要暫時把集體生活的具體內容置於科學之外了，而且不管這種內容如何容易變化，我們都沒有權利先驗地斷定它是不可理解的。但是，如果我們遵循具有科學方法的途徑，那就必須把科學的根基建立在堅固的土地上，而不是建立在流沙上。必須從最便於進行科學研究的側面著手研究社會。將來只有這樣，才有可能把研究更加推向深入，再透過循序漸進的作業，逐漸掌握人類智力也許永遠不能完全掌握的這個難以掌握的社會現實。

第三章 關於區分正常現象和病態現象的規則

根據前述的幾項規則進行的觀察，涉及在某些方面極不相同的兩種事實：一種是應該是什麼就表現爲什麼的事實，另一種是應該是什麼卻未表現爲什麼的事實。前者爲正常現象，後者爲病態現象。我們甚至認爲，作爲全部研究的出發點的定義，必須同時把這兩種現象包括進去。但是，即使它們在某些方面具有同樣的性質，也還是要把它們分爲兩個種類。科學有可以進行這種區分的方法嗎？

這是一個極其重要的問題，因爲如何解決這個問題，影響著人們對於科學、尤其是人文科學的作用的看法。按照一種在各個不同學派都有其支持者的理論，科學絕不教導我們應該有什麼願望。據說，科學只知道具有相同的價值和同樣的利益的事實，對它們進行觀察、解釋，但不加評價。也就說，在科學看來，沒有什麼可以指責的東西。在科學的眼裡，不存在善與惡。科學可以清楚地告訴我們原因怎樣產生結果，而不能告訴我們應該追求什麼樣目的。如果不是要知道事物是什麼，而且要知道它如何才合人意，那就得依靠感情、本能、生命力等這些叫什麼都可以的無意識的東西的暗示。我們剛才提到的一位作者說，科學能把世界照亮，卻仍使人們的心靈處於黑暗之中；心靈只能靠自己產生光明。可見，科學沒有或者說幾乎沒有任何實用效力，從而也就沒有重大的存在理由，因爲我們掌握了關於現實的知識之後不能使它們在生活中爲我們服務，我們何必花力氣去認識現實呢？也許有人會說，科學在向我們指出現象產生的原因時，也同時向我們提供了按照自己的意圖製造這些現象的手段，從而使我們可以實現從超科學的理性出發所要追求的目的。但是，就某一方面而言，任何一種手段，它本身就是一種目的，因爲要將一種手段付諸實施，就是指望實現用它才能實現的目的。要達到某種目的，往往有多種途徑，所以我們必須從中進行選擇。而如果科學不能說明我們選擇最好的目標，那它怎麼能讓我們知道達到目標的最好途徑呢？科學爲什麼建議我們採取最快的途徑而不採取最經濟的途徑，建議我們採取最可靠的途徑而不採取最方便的途徑呢？或者爲什麼不建議我們與此相反呢？如果科學不能引導我們確定最理想的目的，那它對於確定在一般手段看來是次要的和從屬性的目的而言，也同樣無能爲力。

觀念學的方法當然能避免這種神祕主義，而避免神祕主義的願望，又在一定程度上使這種方法延續下來。實際上，運用這種方法的人都是些極端的理性主義者，因而他們認爲人的行爲無須用反省去引導，但他們又沒有從他們自身接觸的、完全脫離主觀影響的現象中，發現可以根據它們的實用價值來對它們分類的任何東西。因此，似乎只能用支配這些現象的概念來對它們進行評價了。於是，使用可以核正事實的觀念，而不使用源於事實的觀念，就成爲一切合理的社會學所必須的了。但是我們知道，在這種情況下，實踐就成爲反省的對象，而如此運用反省則是不科學的。

我上面提出的問題可使我們要求維護理性的權利，而不再陷入觀念學。實際上，對於社會來說也與個人一樣，健康是好事，也是人們所希望的；而生病則是壞事，應該避免。因此，如果我們能夠找到一個爲事實本身所固有的、並能使我們科學地分辨出各類社會現象中的健康與病態的客觀標準，科學就可以在忠於自己固有的方法的同時照亮實踐。當然，現在科學還沒有達到像了解人那樣了解社會的地步，所以它只能提供一些一般的提示給我們，但只有在透過感覺直接與個人接觸時，這種提示才能以適當的形式具體化。科學所能定義的健康的狀態，不能完全符合每一個人，因爲健康狀態只能根據最普遍的條件來確定，而這些最普遍的條件對於每一個個人來說，就或多或少有不相符的地方，但仍不失爲判斷健康與否的可貴指標。不能因爲這個指標以後只能應用於個別特別場合，就認爲它對於認識問題沒有任何用處了，反而，它應該作爲我們所有的實際推理的基礎的規範。在這樣的條件下，人們就再沒有權利說思想對於行爲沒有影響了。在科學與技術之間不再有鴻溝，而可以不斷地直接從一方過渡到另一方。當然，科學只有借助於技術才能深入事實，而技術只是科學的延伸。還可以提出這樣一個問題：隨著科學所確立的法則愈來愈完整地表現個體的現實，科學在實踐上的無能爲力現象是否應該愈來愈減少呢？

一

通常，人們把疼痛看作生病的指標，而且整體而言，這兩者之間確實存在著一種關係，但這種關係並不恆定，也不嚴謹。有些嚴重的疾病並不使人感到疼痛，而有些算不上病症的障礙，如一粒煤渣進入眼中，卻可以使人感到非常難受。甚至在某些情況下，無痛或快感也是疾病的症候。有一些無感覺，它們本身就是病理症狀。在某些環境下，一個健康人感到難受，而一個神經衰弱者卻感到快活。無可否認，後者的快感是一種病態。相反，有些引起人們痛苦的狀態，如饑餓、疲勞、分娩等則完全是生活現象。

我們能說健康既然是生命力的良好發展，則根據有機體是否完全適應其環境就可以判斷是否健康嗎？或者反過來，我們能把所有使有機體不適應其環境的障礙統統稱之爲疾病嗎？然而，首先——我在後面還要來談這個問題——還完全沒有證明有機體的每一種狀況是與某種外部狀況相符合的；再則，即使這個標準眞能衡量有機體是否健康，那它本身也還需要有另外一個標準，以使它得到公認，因爲無論如何，我們都必須指明根據何種原則才能確定這種適應形式比其他適應形式更爲完善。

是否可以根據健康和生病對我們的生存機會的影響來區別健康與生病呢？健康是有機體處於最高的生存機會的狀態，而生病則相反，它是生存機會減少所使然。毫無疑問，在一般情況下，生病確實是有機體衰弱的結果。但是，有機體衰弱的結果並非只限於生病。某些低等動物其生殖機能不可避免地造成死亡；而高等動物也可能會有這種危險。然而，生殖機能仍然是正常的生理現象。老年和幼年會有相同的結果，因爲老人和兒童均較易受破壞因素的影響。那麼，我們是否可以因此而說老年和幼年是病態呢？是否應該承認只有中年人才算是健康型的呢？這樣的話，健康與生理學的研究範圍不就太狹小了嗎？再說，如果老年本身是一種病態，那麼要如何區分健康老人和生病老人呢？照這種觀點，婦女來月經也應該被視爲疾病現象了，因爲月經引起的障礙提高了婦女對疾病的易染性。但是，我們怎麼把沒有月經或提早停經這種無可否認的病理現象說成是生病呢？我們對於這個問題是這樣認爲的：在一個健康的有機體內，每一個器官可以說都有其有用的功能；每一種內部狀態都準確地反映在某一外部條件，從而，有助於保證生命的平衡和減少死亡的機會。另一方面，也有理由作如下的推論：某些解剖學上的或生理機能上的構造並不直接發揮任何作用，而只是爲了存在而存在，因爲作爲生命的總體條件的一部分，它們是不能不存在的。不能把這種構造視爲病態，因爲疾病首先是一種可以避免的東西，不存在於生物的正常組織之中，但是可以確信，它不但不能增強有機體，反而會降低有機體的抵抗能力，從而增大死亡的危險。

另一方面，疾病也不總是造成我們對疾病下定義時所想到的那種嚴重結果。不是有很多看上去極其輕微、但我們可以確信它們會對有機體的生命基礎產生顯著影響的疾病嗎？但是，其中那最嚴重的，只要我們懂得利用自己掌握的武器與其對抗，有些也不會造成嚴重後果。一個胃病患者，如果後來有良好的衛生條件，也能夠像健康人一樣長壽。當然，胃病患者必須接受治療。但是，我們大家不是都一樣需要接受治療嗎？否則，生命怎麼能維持呢？我們每個人都有自己的保健方法，只是病人的保健方法與他同時代和同環境的人所普遍採用的保健方法不同而已，但這是他們之間在這方面的唯一不同。疾病並不總是使我們處於驚恐不安、認爲不可治癒的不適應狀態。它只是強制我們不像大部分常人那樣去適應罷了。誰說沒有最後反而有益於健康的疾病呢？我們透過疫苗接種的天花，就是我們情願染上的眞正的病，但它能增加我們的生存機會。也許在其他許多情況下，疾病引起的不適與它使人體產生的免疫力是微不足道的。

最後，我要特別指出，這個標準在多數情況下是不適用的。最低限度可以完全確認，我們至今所知的最低死亡率，曾存在於某一特定的社會群體中，但我們不能證明這個群體不可能再存在比這還低的死亡率。誰能斷言不會有其他辦法使死亡率更低呢？因此，從前面關於疾病的定義來看，這種事實上的最小值，既不是有機體對客觀環境完全適應的證明，也不是健康狀況良好的眞正指標。此外，這種性質的群體也難以組成和難以脫離其他群體而獨立存在，而爲了能夠考察這個群體所特有的，和可能是使它優越於其他群體的有機體結構，則無論如何要使它脫離其他群體而獨立存在。反之，如果是一種一般說來可以導致死亡的疾病，則顯然會使生存下去的概率降低。但當疾病不會直接導致死亡時，要證明生存的概率下降就特別困難。實際上，只有一個客觀的方法可以證明，處在一定條件下的人要比另外一些人的生存機會減少，這就是告訴人們，事實上他們當中的大多數人壽命不會長。就純粹的人體疾病而言，這樣論證往往是可以成立的，但在社會學裡，這樣來論證是完全行不通的，因爲我們在這裡缺乏生物學家所掌握的標準，即平均死亡率的數字。我們甚至不能哪怕是大概地斷定一個社會何時誕生、何時滅亡。所有這些在生物學上還沒有解決的問題，在社會學上更是處於神祕莫測的狀態，遠不能明確解決。此外，社會生活中發生的並在所有同類社會中幾乎是同樣地重複出現的事件，是形形色色的，以致我們不可能確定其中的某一事件在什麼樣的情況下可以加速社會的解體。在研究的對象是個人時，則因爲人的數量很多，我們可以對眾多的人作比較，從中選出那些只有共同的反常現象的人來。這樣，這種反常現象就從所有的伴隨現象中分離出來，使我們由此可以研究它們對人的有機體產生的影響的性質。比如，我們隨便找來一千個風溼病患者，發現他們的死亡率明顯高於平均死亡率，那我們就完全有理由認爲，這種高死亡率是由風溼病因素造成的。但是，在社會學上，每一個社會種（espèce sociale）①只包括少數的個人，所以可供我們進行比較的範圍非常有限，以致根據這個種進行的歸類，其證明力也是有限的。

由於缺乏這種事實的證明，所以唯一可行的辦法就是進行演繹推理，而這種推理的結論只有主觀臆測的性質。人們由此所能證明的，不是某一事件實際上如何削弱了社會有機體，而是它應該有這樣的效用。這樣一來，人們就會認爲，該事件必然會造成某些有害於社會的結果，並由此而稱該事件是病態的。但是，就算該事件實際上造成了這樣的結果，那它帶來的危害也會被沒有發現的益處所抵消，甚至抵消而有餘。再者，也只有一個理由，把這種結果說成是有害的，那就是說它擾亂了功能的正常運轉。但是，這樣的證明要以問題已經得到解決爲條件，因爲只有在預先規定了什麼是正常狀態，並由此知道以什麼樣的指標來確認正常狀態，才能做出這個證明。難道可以完全先驗地製造出一種正常狀態嗎？不用說，這

① 關於社會種的概念，見本書第四章的解釋。——譯者

種製造是不會有價值的。因此，社會學也與歷史學一樣，對同一個事件，由於學者們的個人感情不同，既有可能被說成是有益的，又有可能被說成是有害的。比如，在對宗教信仰普遍動搖的環境裡，一個不信教的理論家，往往把仍有人信教視爲是一種病態現象，而在一個信教的理論家看來，不信教才是今天的嚴重的社會疾病。同樣，對於社會主義者來說，目前的經濟組織是一種社會畸變；而正統經濟學則認爲，社會主義傾向才眞正是病態。他們都以自認是完美的三段論作其觀點的依據。

他們這些論斷的共同錯誤，就是想過早地掌握現象的本質。因此，這些論斷事先就得認定一些只有科學有了足夠的發展才能證明其眞僞的原理已經成立。然而，在我們看來，這時應遵照我在前面確立的規則。不要一下子就確定正常狀態和反常狀態與生命力的關係，而要先找到能使我們辨認出這兩類事實的某種可以直接感知的、但又是客觀的外在特徵。

一切社會學現象也與生物學現象一樣，可以在保持其本質的條件下因情況不同而採取不同的形態。但這些形態只有兩種。一種形態普遍存在於人類的全體：不是存在於所有的個人身上，而是散見於大部分個人身上。如果它們在所觀察的一切情況下不是一成不變地反覆出現，而是彼此有所不同、有所變化，則這種變化也只限於相差無幾的範圍之內。而另外的一種形態，則是特殊的形態。它們不僅只存在於少數個人身上，而且只存在於出現了這種形態的個人身上，並往往不是存在於這個個體的生命始終。無論在時間方面還是在空間方面，它們都具有一種特殊性。②因此，我們現在看到的是兩種不同的現象，應該以不同的術語來加以區分。我稱那些具有最普遍形態的事實爲正常現象，稱其他事實爲病態現象或病理現象。如果把以最常見的形態最平凡地出現於同一種內的屬性歸納爲一個整體，即歸納爲一種抽象的個性，將由此得到的假設的存在稱爲平均類型，那麼，就可以說這個平均類型是正常類型，而一切不符合健康標準的現象都是病態現象。的確，平均類型不能像個別類型那樣明確規定，因爲平均類型的結構屬性不是絕對不變的，而是能夠變化的。但是，毋庸置疑，這種平均類型是能夠形成的，因爲它是社會學研究的直接材料，與屬的類型（type générique）一致。生理學家所研究的是一般有機體的功能，而社會學家也是如此。一旦我們能夠辨認各社會種——我在後面再論述這個問題時，那就總能找出哪一現象在一定種內表現出來的最普遍的形態。

我們看到，一個事實只有根據它與所規定的種的關係才能說它是病態的。健康和疾病的

---

② 由此可以區分出疾病和畸形，後者只是出現於有機體的個別地方的一種例外，不是「種」的平均現象，但畸形在出現的個體身上，將存在終生。此外，人們還可發現，這兩類事實只在程度上有所不同，而實際上具有相同的性質。兩者的界線是很不清楚的，因爲疾病不可能完全無法治療，而畸形也不可能永久不變。因此，給它們下定義時就不可能把它們徹底分清楚。兩者的區別不外是形態學和生理學的區別，即生理學把這種不正常現象稱爲疾病，而解剖學一般把它們稱爲畸形。

條件不能抽象地（in abstracto）、絕對地加以確定。這一規則在生物學上是無可爭議的。誰也不會認爲對於軟體動物來說是正常的現象，對於脊椎動物來說也是正常的。每個種都有它自己的健康標準，因爲每個種都有它自身固有的平均類型，而且最低級種的健康對於該種的重要性，並不亞於最高級種的健康。這一原則同樣適應於社會學。雖然這一點常常不爲人們所重視。我們應該拋棄這樣一種至今仍然極其流行的習慣：一旦認爲一種制度、一種習俗、一種道德規則是好的或壞的，就不加區別地認爲它們對於任何類型的社會來說，都是好的或壞的。

既然我們判斷健康和疾病的標準隨種的不同而不同，那麼在同一種內，這一標準也會隨種的變化而變化。從純生物學的角度來看也是如此。對於野蠻人來說是正常的現象，對於文明人來說就不一定是正常的。反之亦然。③有一種變化——有關年齡方面的變化，尤其值得我們重視，因爲它有法則地存在於所有的種中。老年人的健康不同於成年人的健康，成年人的健康又不同於兒童的健康。對於社會來說也是如此。④說一個社會事實是正常的，只是對

---

③ 比如，一個野蠻人，如果具有健康的文明人那種變小了的消化道和發達的神經系統，則對他應付自己的環境的能力來說就是一個病人。

④ 這一部分我不加論述，因爲關於一般社會事實的論述，只能是重複我在別處關於區分正常的和不正常的道德事實的論述（見《社會分工論》第三十三—三十九頁）。

處於一定發展階段的一定的社會種而言。因此，要想知道它有沒有權利獲得這個稱呼，只觀察它以何種形態出現在同屬於這一社會種的大多數中還是不夠的，還必須仔細考察社會在該進化階段的發展情況。

以上，我們似乎只是在給一些用語簡單地下定義，因爲我們只是根據現象的異同對現象做分類，然後對分好的各類冠以專名而已。實際上，我們如此形成的概念，儘管具有因其客觀的、容易被識別的特徵而被承認這一重大優點，但並不比人們一般對於疾病與健康的觀念深奧。其實，人們不都是認爲疾病是一種意外，凡有生命的有機體，無疑都潛伏著疾病，只是不經常發作罷了嗎？古代的哲學家所說的，也是這個意思。他們說，疾病不是來於事物的本性，而是出自人體內在的一種偶然性。當然，這種觀念是對全部科學的否定，因爲疾病沒有什麼比健康更稀奇的地方，它也來源於生物的本性，只是這個本性不是正常本性而已。疾病不是生物的通常體質，與生物一般賴以生存的條件無關。相反，對於整個生物界來說，健康的類型是和種的類型一致的。人們甚至不能想像出一個種會患一種它自己無法醫治和無法依靠自己的基本組織醫治的疾病，因爲這樣的想法是自相矛盾的。種是十分規範的，不可能會有任何不正常的東西。

通常，人們把健康說爲遠比疾病好得多的身體狀態，乃是理所當然的。但是，這個定義已包含在前述的定義之中，其實，如果合起來構成一種正常類型的特徵，能夠普遍存在於一個種內，那也並非沒有道理。這個普遍化是一個本身需要加以解釋，因而需要指出原因的事實。不過，如果最普遍的組成形式至少從總體上來說也不是最有利的形式，那麼這種普遍化也就無法解釋了。如果最普遍的組成形式不能使每個個體更好地抵制破壞的原因，那它們怎麼能在如此變化萬千的環境中保存下來呢？反之，如果其他形式非常少見，則顯而易見，在一般情況下，凡具有那種形式的主體均難以生存下來。因此，最普遍的組成形式爲最常出現就是它們具有優勢的明證。⑤

⑤ 的確，加羅法洛曾試圖區分病態和反常（《犯罪學》第一〇九、一一〇頁），但可作爲他這種區分的依據的僅有以下兩點：⑴疾病一詞總是指試圖全部或部分破壞有機體的某種東西。即使沒有發現破壞，那也要認爲破壞早已存在，只是被治癒了。反常的東西不可能長期存在，但是，我們已經說過，反常對於活體來說，通常也是一種威脅。當然並非總是如此，但疾病潛在的危險也只是就大多數情況而言。至於加氏說病態不可能長期存在，那是他忽略了慢性病，並把畸形現象和病理現象完全分開了。殘廢是固定不變的。⑵有人說，正常與反常隨人種的不同而有差異，而生理學的東西和病理學的東西的差異，則對整個人類（genus homo）來說卻是一樣的。我們在前面已經從反面指出，對於野蠻人來說是病態的東西，對於文明人來說就往往不屬於病態。身體健康的條件是隨環境而變化的。

二

這最後一項注釋，甚至爲檢驗前面所述方法之結果提供了一種手段。

因爲構成正常現象的外部特徵的普遍性本身是一種可以解釋的現象，所以透過觀察使這種性質直接得到確認後，我們就必須設法對它作出解釋。當然，我們可以事先肯定，這種普遍性之存在並非沒有原因，但確切知道這是一種什麼原因尤爲重要。實際上，對於一種現象的正常性來說，如果我們能證明首先使這種性質表現出來的事物的外在指標不僅僅是看得見的，而且是植根於事物的本性中的；簡而言之，如果我們能把這種事實上的正常性提升爲權利上的正常性，那它就是無可置疑的了。此外，這項證明並不總在於說明現象有益於有機體，儘管從我們上述的理由來說這種情況是最常見的；而且還會像我在上面所指出的，出現這樣一種情況：有些現象雖然是正常的，卻對有機體沒有任何益處，它們之所以是正常的，只是因爲它們不可避免地出自該生物的本性。比如，婦女生小孩時，如果不引起婦女有機體發生極大的痛苦，那也許是有益的，但這是辦不到的。因此，我們對於現象的正常性的解釋必須與我們所研究的種的生存條件聯繫起來，還是使人的有機體適應生存條件的手段，來解釋現象的正常性。⑥

這個證明不只用於驗證。其實，不應該忘記，從反常當中把正常區分出來的好處，主要在於指導實踐。但是，要想把原因查明，只知道我們希望什麼是不夠的，還必須知道我們爲什麼有這種希望。關於正常狀態的科學命題，一旦具備它們應有的論據，就會更加直接地適用於個別情況，因爲那時可以清楚地知道在應用的時候，應在哪些情況下和哪些方面修改它們。

在某些情況下，這種驗證甚至是必不可少的，因爲單獨使用第一種方法會導致錯誤。比如，當整個種全部處於進化的過程，但尚未最後固定爲新的形式的過渡時期，就出現了這種情況。這時，已在事實中體現出來並固定下來的單一的正常類型，雖然是以往的類型，但已與新的生存條件沒有任何關係了。因此，一種事實雖已不符合環境的要求，但仍然可以持續存在於一個種的全部領域之中。這樣，事實的正常性也就只剩下一個外形了，因爲它所表現的普遍性只是一個虛假的標籤而已：既然這種普遍性只是由於盲目的習慣勢力才得以保存下來，所以它也不再是我們所觀察的現象與集體存在的普遍條件緊密地聯繫在一起的指標。順

⑥ 當然，人們可以自問：一個現象必然來自生活的一般條件，這本身不就說明這種現象是無益的嗎？我們不能在這裡研究這個哲學問題。但在稍後，我們將觸及這個問題。

帶一提，這種困難是社會學所特有的，可以說在生物學家那裡並不存在。實際上，動物的種很少需要採取突然出現的形式，動物的種所經歷的正常變形，只是發生在每個個體身上的有法則的變形，而且主要是因年齡的影響而發生的。這種正常變形之所以爲人們所熟悉，或可能熟悉，是因爲它們在大多數情況下早已出現。因此，人們可以在動物成長的每個時刻，甚至在危急時期知道什麼是正常狀態。在社會學裡，對於屬於低級種的社會來說，也是如此，因爲它們中大多數已經走完它們的全部歷程，所以它們的正常發展法則已被確認，或者至少可以被確認。但是，對於文明社會和現代社會來說，這個法則還未爲人們所知，因爲文明社會和現代社會還沒有走完其全部歷程。這樣，社會學家就可能難於知道一種現象是正常的還是反常的，因爲他們缺乏任何標準。

社會學家如按照我上面所說的方法去做，就能擺脫困境。他們透過觀察證實事實是普遍的以後，再追溯過去曾決定過這個普遍性的條件，進而研究這些條件是否現在仍然存在，或者相反，是否已經發生了變化。如果是第一種情況，他就有權把這種現象作爲正常現象來研究；如果是第二種情況，他就必須否認它是正常現象。比如，要想知道目前歐洲各國無組織的經濟狀況⑦是否正常，就得找出過去造成這種經濟狀況的條件。如果這些條件仍然是當今

⑦ 關於這一點，請參閱我在《哲學雜誌》（*Revue philosophique*）一八九三年十一月號發表的短文《社會主義的定義》一文。

社會賴以存在的條件，那就應當認爲這種狀況是正常的，而不管它可能引起異議。但是，如果情況相反，即這種狀況與我在別處稱之爲環節社會⑧的古老社會結構有聯繫（這個古老結構最初是社會的基本骨架，後來逐漸消失），那我們就可得出結論說：它現在已是病態，而不管它怎樣具有普遍性。凡屬此類有爭論的問題，比如，宗教信仰的淡漠和國家權力的擴大是正常還是反常的問題，都應當用這樣的方法來解決。⑨

---

⑧ 環節社會（socit segmentaire），尤其以領地爲基礎的環節社會，系指其基本結構與領地劃分相適應的社會（見《社會分工論》第一八九—二一〇頁）。

⑨ 在某些情況下，可以對這種方法稍加修改，以證明本身的正常性可疑的事實是否值得懷疑。爲此，只要查明該事實與我們所研究的社會類型的先前發展，甚至與全社會的演變過程有密切聯繫，或者相反，與兩者全無關係，就可以了。我們正是用這種方法才得以證明，人們目前對宗教信仰的淡漠，更普遍的是對集體事物的集體感的淡漠，並無什麼不正常之處。我已經證明，隨著社會愈來愈接近我們現在的類型，而現在的社會愈來愈發達，這種淡漠就變得愈來愈明顯（《社會分工論》第七三—一八二頁）。但是，這種方法實際上只是前種方法的個別情況，因爲這種現象的正常性既已爲這種方法所證實，那同時也就說明這種現象實際上是與我們集體生存的最普遍條件有聯繫的。實際上，一方面，如果這種宗教意識的退化隨著我們今天的社會結構的日益確定而愈來愈明顯，那並不是由於某些偶然的原因，而是與我們的社會環境的結構本身有關；另一方面，因爲社會環境的結構的明顯特性在今天又比以前更加突出，所以依賴這些特性而存在的現象本身也就加

然而，這種方法在任何情況下都不能代替前種方法，甚至也不能當作主要方法來使用。首先，這種方法提出一些我以後才能論述的問題，而這些問題只有當人們在科學上有了足夠的進步時才會涉及。這種方法總括來說只是對現象作出近乎完整的解釋，因爲它認定現象的成因或效果是早已確定了的。但重要的是，除某些例外情況，要在研究之初能把事實分類爲正常的和反常的，以便把它們分別納入生物學領域和病理學領域。其次，只有事實對於正常類型有用和爲它所需，才能使事實本身被稱爲正常的。否則，人們會說疾病與健康沒有區分了，因爲疾病一定產生於染病的有機體。只有使用抽象的平均有機體一詞，才能使疾病處於另一種關係。同樣，服藥治病對患者有益，可被視爲正常現象，但這顯然是一種不正常現象，因爲只有在有機體不正常時服藥才有治病的效果。因此，只有在正常類型已經預先形成的情況下才能使用這種方法，而正常類型只能用另外一種方法來確定。最後，也是應當著重指出的，可以說凡是正常的就是有益的（即使不太必要），而不可以說凡是有益的就是正常的。我們完全可以相信，一個種之中普遍存在的狀況要比個別的例外狀況有用，但不認爲它

強了，乃是完全正常的。這種方法與前種方法的不同之處僅在於：解釋與證明現象的普遍性的條件是歸納出來的，而不是直接觀察到的。我們只知道現象與社會環境的本性有聯繫，而不知道是在哪些方面有聯繫和如何發生聯繫的。

們是已經存在或可能存在的最有益狀況。我們沒有任何理由認爲，在我們探索的過程中對一切可能的方法都已經使用過了。有些可以想像得到但從來沒有用過的方法，也許比我們所知道的方法優越得多。有用這個觀念比正常的觀念廣泛，前者對後者的關係相當於屬對種的關係。我們不可能在小之中引出大，從種之中引出屬。⑩但是我們可以在種之中看到屬，因爲種之中有屬的成分。正因爲如此，現象的普遍性一旦被確認，我們就可以在指出該現象的有用性後而肯定第一種方法的效果。⑪於是，我可以歸納出如下三條規則：

㈠一個社會事實一般發生在進化的特定階段出現的特定種的社會裡時，對於出現在這個

---

⑩ 原文爲「déduire l'espèce du genre（從屬之中引出種）」，顯然是筆誤，俄譯本和日譯本均改爲「從種中引出屬」。但英譯本照譯爲「the species from the genre」。——譯者

⑪ 但是有人會說：正常類型的實現並非人們可能爲自己規定的最高目標，而要超越這個目標，也必須超越科學。我們不必在此專門研究這個問題，只回答說：第一，這個問題完全是理論問題，因爲事實上，正常類型即健康狀態本來就很難實現，而且，實現的機會很少，以致我們不得不動員自己的想像力去尋找更好的狀態；第二，這種在客觀上看來最有用的改進，並不是在客觀上就最合乎人意，因爲這種改進若不符合任何一種潛在的或現實的傾向，那它們對於增進幸福也毫無益處；而若符合某些傾向，那就是正常類型沒有實現；第三，要改進正常類型，就必須知道什麼是正常類型，因此，在任何情況下，都只有依靠科學才能超越科學。

特定發展階段的特定的社會類型來說是正常的。

㈡指出現象的普遍性是與所研究的社會類型中集體生活的一般條件有聯繫的，就可檢驗上述方法的結果。

㈢當這個事實與尚未完成其全部進化過程的社會種有關時，這種檢驗就是必不可少的。

三

由於人們已經習慣於簡單地解決這些困難問題，經過粗劣的觀察和玩弄三段論法，就很快斷定一個社會事實是正常的還是反常的，以致可能認爲我前面所說的方法是繁而無用的。在他們看來，辨別疾病與健康是輕而易舉的事情，無須費那麼多手續。我們不是每天都在做這種辨別嗎？是的。但問題就在於我們的辨別是否可靠。我們看到生物學家解決這些問題比較容易，這就給了我們一種假象，認爲我們解決這些問題也不困難。但是我們忘記了：生物學家發現每種現象影響有機體抵抗力的方式，進而以實際上令人滿意的準確性確定現象的性質正常與否，要比社會學家觀察社會現象容易得多。在社會學研究中，事實的巨大繁雜性和不定性，要求人們在考察它們時必須精心細緻。比如，同一種現象作爲不同的黨派的考察對象時，就會作完全相反的判斷。爲了證明這種精心細緻的必要性，我們現在舉例來說明。比如，在不強制自己謹慎細微地去考察時會造成什麼樣錯誤；如以科學的方法去考察，最本質的現象會以什麼新的面目出現。

如舉一個顯而易見的病理性事實爲例，則犯罪是最恰當不過的了。犯罪是一種病態，這是所有的犯罪學家都一致公認的。他們解釋這種病態的方法雖不相同，但在承認犯罪是病態這一點上卻是一致的。然而，這個問題仍須愼重研究。

現在我們來實際應用一下上述的規則。犯罪不僅見於大多數社會，不管它是屬於哪種社會，而且見於所有類型的所有社會。不存在沒有犯罪行爲的社會。雖然犯罪的形式有所不同，被認爲是犯罪的行爲也不是到處一樣，但是，不論在什麼地方和什麼時代，總有一些人因其行爲而使自身受到刑罰的鎭壓。如果隨著社會由低級類型向高級類型發展，犯罪率（即每年的犯罪人數占居民人數的比例）呈下降趨勢，則至少可以認爲，犯罪雖然仍是一種正常現象，但它會愈來愈失去這種特性。然而，我們沒有任何理由相信犯罪確實會減少。許多事實都在證明，好像情況正與此相反。自本世紀開始以來，統計資料爲我們提供了觀察犯罪行爲的動向的手段；實際上，犯罪行爲到處都有增無減。在法國，增加將近百分之三百。結果，沒有一種現象清晰地帶有正常狀態的全部指標，因爲一種現象是與整個集體生活的條件有密切聯繫的。把犯罪看作是一種社會疾病，就是承認疾病不是某種偶發的東西，反而在一定情況下，是源於生物的基本體質；同時，這也會抹殺生物學現象和病理學現象的一切區別。當然，犯罪本身有時也以不正常的形式出現。比如在犯罪率急劇上升時就會出現這種情況。其實可以肯定，這種反常現象就具有病態性質。只要犯罪行爲沒有超出每類型社會所規定的限界，而是在這個限界之內，它就是正常的。而這個限界是可以根據上述的規則定出來的。⑫

現在，我們可以得出一個表面上看來似乎矛盾的結論。為了不引起誤解，我才說這個結論可能是矛盾的。把犯罪歸於正常社會學的現象，這不只是說，由於人類具有不可糾正的惡習，所以犯罪就成為一種人們雖不願意但又不可避免的現象；而且，也在確認犯罪是社會健康的一個因素，是健康的社會整體的一個組成部分。乍看這個結論相當令人驚奇，連我自己也曾很長一段時間感到困惑。然而，一旦消除這種起初的驚訝感，就不難找到解釋並同時證明這種正常性的理由。

犯罪之所以是正常現象，首先是因為社會絕對不可能沒有犯罪。

我在前面講過，⑬一種行為觸犯某種強烈的、十分鮮明的集體感情就構成了犯罪。為了在一定的社會裡使被視為犯罪的行為不再發生，就得讓被損害的感情毫無例外地在所有人的

⑫ 從社會學來看，犯罪是正常的現象，但不能由此而認為罪犯無論從生物學觀點還是從心理學觀點來看都是身體素質正常的人。這是兩個各自獨立的問題。當我們以後說明心理學事實和社會學事實的區別時，就會更加了解這種獨立性了。

⑬ 見本書第二章的二之(二)。——譯者

意識中得到恢復，並有必要的力量來遏制相反的感情。然而，即使這種條件確實存在了，犯罪也不會因此而被消滅，它只是改變了形式，因爲犯罪原因本身在使犯罪行爲的源泉乾涸的同時，馬上又開闢了新的源泉。

實際上，受到一個國家的刑法保護的集體感情，要在這個國家的一定歷史時期深入到那些一直對它們封閉著的個人意識中去，或者在它們的權威性尚不強的地方建立更大的權威就必須具有比以往更大的強度。也就是說，必須使整個共同體比以往更強烈地感受到它們的存在，因爲它們不能有別的源泉汲取更大的力量，以使自己滲入那些一直抵制它們的個人。要想社會上沒有殺人犯，就必須使產生殺人犯的社會層更加感到殺人行凶的可怕，但要做到這一點，還必須使全社會都更加感到這種行爲的可怕。另外，社會上沒有犯罪，自然直接有助於產生這種結果，因爲一種感情始終如一地受到普遍尊重時，它就顯得特別應該受到尊重。但是，人們忽略了，要想讓公眾對於行凶殺人的可怕有更強烈的意識，必須同時加強他們對於以前只是造成純道德性錯誤的損害行爲的認識，因爲忽視道德性錯誤的意識狀態不過是害怕行凶殺人的意識狀態的延續和緩和形式罷了。比如，盜竊和輕微的詐騙，都只是損害了人人都應當有的利他主義的感情，即對他人財產的尊重。只是這兩種行爲對同樣的感情造成的損害有輕有重，即前者使感情受到的損害較重，而後者對感情造成的損害較輕。另一方面，一般說來在人們的意識中，即使對這兩種侵害中較輕者，也沒有足夠的受害感，所以對由此受到的損害持有最大限度的容忍態度。正因爲如此，騙子只是受到指責，而盜賊則受到懲罰。但是，如果這種受害感變得十分強烈，能使所有人都消除那種認爲盜竊比詐騙嚴重的傾向，就會對於至今一直認爲只給他們造成輕微損害的行爲更加敏感，從而會更加強烈地予以抵制，輕微的侵害也就會因此而成爲人們更加強烈譴責的對象，其中有些就會由原來的只是一般的道德性錯誤變成犯罪行爲。比如，原來只是激起公憤或造成民事賠償的違約或不忠實履約的行爲，就會變成違法行爲。假如有一個由聖人們組成的社會，一個模範的完美的修道院，在那裡可能沒有純粹的犯罪，但是，在常人看來是很輕微的錯誤，在那裡可能引起常人認爲是一般違法行爲才會引起的醜聞。因此，如果這樣的社會被賦予審判權和懲罰權，它會認爲這種行爲是犯罪，並按照犯罪行爲予以懲處。廉潔的人以一般人對待眞正的犯罪行爲才有的嚴肅態度對待自己在道德方面的小缺陷，也是同樣的道理。過去侵犯人身的行爲比今天發生頻仍，是因爲過去不像今天這樣尊重個人的尊嚴。今天侵犯人身的行爲較少發生，是因爲今天比過去更尊重個人的尊嚴了。許多侵害這種感情的行爲起初沒有在刑法中規定，而現在卻列入了刑法典。⑭

爲了不漏掉一切從邏輯上來說都可提出的假設，我們可以自己設問：爲什麼這樣的一致沒有毫無例外地擴及全部的集體感情呢？爲什麼這種極爲微弱的集體感情沒有足夠的力量防

⑭ 如誹謗、侮辱、破壞名譽等。

止各種不一致出現呢？如果能這樣，社會的道德意識就可以滲入每一個人，並有足夠的活力來阻止一切損害它的行爲：不管是純道德錯誤還是犯罪行爲。但是，道德意識要達到這樣普遍的、絕對的一致是不可能的，因爲我們每個人所處的直接的自然環境不同，所承接的遺傳因子不同，所受的社會影響不同，以致每個人的意識也就不同。我們每個人都有自己的有機體，而且每個有機體都占有自己應占的空間。只是由於這一點，大家就不可能在道德意識上完全一致。因此，就是在個人的獨創精神極不發達的未開化的民族裡，也不是完全沒有個人的獨創精神。由此可見，既然在任何一個社會裡，個體與集體類型之間總是或多或少有些分歧，那麼這些分歧當中就難免帶有犯罪性質。使分歧帶上這些性質的，不是分歧本身具有的重要性，而是公眾意識給予分歧的重要性。因此，如果這種公眾意識很強，具有足夠的絕對能使這些分歧縮小的權威性，那它就會成爲一種敏銳的、十分苛刻的力量，以在他處只是用來對抗重大分裂的強度來反對任何一點小的分歧，並把這種分歧看得與重大分裂同樣嚴重，即視分歧具有犯罪性質。

這樣，犯罪就成爲必然的。它與整個社會生活的基本條件聯繫在一起，由此也就成爲有益的，因爲與犯罪有密切聯繫的這種基本條件本身是道德和法律的正常進化所必不可少的。

實際上，今天已無須爭論，法律和道德不僅隨著社會類型的變化而變化，而且就是在同一個社會類型裡，如果集體生存的條件發生了變化，法律和道德也要發生變化。但要使這種變化能夠實現，作爲道德基礎的集體感情就必須不抵制這種變化，從而只能克制自己。如果集體感情過於強烈，則缺乏彈性而易折。其實，一切原有的體制都是改革的障礙，而最初的體制愈牢固，抵制的力量就愈強。一種結構愈被視爲堅固無比，就愈是抗拒一切改革：無論是對功能性結構，還是對組織性結構，都可以這樣說。不過，如果社會上沒有犯罪，則這種條件（即具體感情不抵制變化）就不會形成，因爲我們這個沒有犯罪的假設，是以集體感情達到前所未有的強度爲前提的。一切事情都以適度而不超限爲好。道德意識享有的權威不應該過度，否則就無人敢評論它，它也就容易固定爲一成不變的模式。要使道德意識能夠向前發展，就必須使個人的獨創精神能夠實現。然而，要讓意欲超越自己時代的理想主義者的獨創精神表現出來，也得讓落後於自己時代的犯罪的獨創精神能夠實現。這兩者相互依存，缺一不可。

不僅如此，犯罪除了具有這種間接的效用外，它本身也有助於道德意識的進化。它不僅要求爲必要的改革開闢廣闊的道路，而且在某些情況下，它還直接爲必要的改革做準備。哪裡有犯罪，哪裡的集體感情就處於爲形成新的形式所必要的可塑狀態。不僅如此，犯罪有時還爲預先決定集體感情應採取什麼形式做出過貢獻。實際上，犯罪對未來道德的預測，對未來道路的開拓，何止幾次！按照雅典的法律，蘇格拉底就是一個罪犯，對他的判決也完全正確。⑮然而，他的罪行，即他的獨立的思想，不僅對全人類有益，而且對他的祖國也是有益的，因爲當時雅典人的傳統已不再適應他們的生存條件，他的罪行爲雅典人所必需的新的道德和新的信仰的形成做了準備。蘇格拉底的例子不是個別的，在歷史上曾週期地發生。我們今天享有的思想自由，如果在禁止這種自由的清規戒律未被正式廢除以前，沒有人敢於犯禁，是永遠也不可能實現的。但是在當時，犯罪就是犯罪，因爲它觸犯了當時人們意識中十分強烈的感情。然而，這種犯罪是有益的，因爲它爲後來日益必要的改革預先做了準備。自由哲學的先驅們都曾是整個中世紀期間乃至近代前夕被世俗政權合法懲治的異端分子。

由此可見，犯罪學所處理的基本事實，就以一種全新的面目擺在我們面前。與人們通常的想法迥然相反，罪犯已不再是絕對的反社會存在，不再是社會內部的寄生物，即不可同化的異物，⑯而是社會生活的正常成分。不應該把犯罪放在極窄的範圍內觀察，當犯罪率下

---

⑮ 西元前三九九年，蘇格拉底被控告爲「不敬神」，理由有兩點：一是「腐蝕青年」，二是「藐視城邦崇拜的神和從事新奇的宗教活動」。蘇格拉底不服，提出申辯，但法庭以些微的多數通過判處蘇格拉底死刑。當時，友人勸他逃走，但被他拒絕。理由是：判決雖然違背事實，但這是合法法庭的判決，必須服從。所以，他安然服毒死去。——譯者

⑯ 由於沒有運用我現在建立的規則，所以我也曾這樣錯誤地評述過罪犯（《社會分工論》第三九五、三九六頁）。

降到明顯低於一般水準時，那不但不是件值得慶賀的事，而且可以肯定，與這種表面的進步同時出現並密切相關的是某種社會紊亂。比如，引起刑事責任的傷害，歷來都是在饑荒年代最少。⑰同時，作爲一種回響，要開始對刑罰理論進行重新研究，而更確切地說，必須進行重新研究。實際上，如果犯罪是一種社會疾病，那麼刑罰就是醫治這種疾病的良藥，除此之外，不能再有別的解釋。而這方面的一切議論，都明確旨在如何才能發揮這種良藥的作用。但是，如果說犯罪不是一種社會疾病，那麼，刑罰也就不能以醫治這種疾病爲目的了，而它的眞正功能也該從別的方面去研究了。

這樣，以上所述的各項規則，就只是爲了滿足沒有太大效用的邏輯上的形式主義了。但這樣說是不全面的，因爲應用它們與不應用它們情況是截然不同的，即最基本的社會事實會完全改變其性質。再則，如果說這個例子也太淺顯了，我因此已經不再想它了，那麼還有其他許多可舉的例子。比如，沒有一個社會不以按違法行爲的輕重而治罪爲規則，但在義大

---

⑰ 另外，不能因爲犯罪是正常社會學所研究的事實就認爲它不應該引起人們的憎恨。疼痛也不是人們所喜歡的。個人之憎恨疼痛正如社會之憎恨犯罪，它是正常生理學所研究的現象。疼痛不僅是人體的一種自然現象，而且它對生命具有一種有益的作用，不能爲他物所取代。然而，如果認爲我這是在爲犯罪辯護，則這種解釋將是對我的思想的特大誤解。在我們客觀研究道德事實並以非大眾化的語言論述它時，那不知道會招來什麼奇怪的指責、不知道會引起什麼誤解，所以我甚至不想對上述解釋提出什麼抗議。

利學派看來，這個原則不過是法學家的發明罷了，毫無根據。[18]就是這些義大利學派犯罪學家，甚至認爲在既知的一切國家至今通行的全部刑罰制度，都是反自然的現象。我們已經知道，在加羅法洛先生看來，低級社會特有的犯罪行爲絕不是自然的。在社會主義者看來，資本主義的組織雖然具有普遍性，但由於暴力和詭計它已經偏離了自然狀態。而史賓塞先生則認爲，現今的行政中央集權化，政府權力的擴大，才是我們社會的根本弊病，但這兩者都在歷史的長河中最有法則和最普遍地向前發展著。我從來不認爲，我們應當強制自己根據社會事實的普遍化程度，來判斷它們是正常的還是反常的。這個問題歷來都是透過大力應用辯證法來解決的。

但是，如果排斥這個標準，則不僅會造成剛才所述的混亂和部分錯誤，而且會使社會學不可能成爲一門科學。實際上，社會學的直接目的在於研究正常類型；但是，如果最普遍的事實也可以是病態的，那就有可能永遠在事實中找不到正常類型。這樣一來，研究事實還有什麼用呢？我們研究的事實只能加強我們的偏見，加深我們的錯誤。既然過去實行的刑罰和追究責任只是無知和野蠻的產物，那我們何必努力去認識且尋找它們的形態呢？這樣，我們的思想就不得不脫離對今後毫無用處的現實，轉而進行自我反省，從自身內部找出構

---

⑱ 見加羅法洛《犯罪學》（*Criminologie*）第二九九頁。

成新思想所必需的材料。爲了使社會學能把事實作爲事物來研究，社會學家就應該認識到必須把自己置身於事實的學校之中。但是，因爲一切有關個體的或社會的生命的科學，其主要目的總的來說在於確定正常形態，並對它進行解釋，指出它與反常形態的區別，所以，如果這種正常性不見於該事物之中，而是一種我們從外部引來加在事物上的，或者我們由於某一原因而不承認的特徵，那就無法進行這樣的研究了。在面對一種沒有重要事情可供研究的現實時，人的精神會處於安逸狀態，不再受它所專注研究的事情的制約，因爲它現在能在一定程度上決定這件事情了。從以上所述可知，我們至此所確立的各種規則，相互有著密切的關係。爲了使社會學眞正成爲一門研究事物的科學，那就必須把現象的普遍性作爲衡量現象是否正常的標準。

另外，我的方法還具有既能調整人們的行動，又能調整人們的思想的好處。如果所希望的東西不是依靠觀察來決定，而是可以和應該由心機來決定，則想像力在尋找最好的東西時的自由馳騁，可以說沒有任何障礙。因爲怎麼能爲完善設置一個它不可逾越的限制呢！從定義來說，完善是不受任何限制的。因此，人類的目標才永無止境。它的遙遠使某些人沮喪，但也激勵和鼓舞另一些人爲了接近它而加快步伐，匆匆投入革命。如果所希望的東西是健康，而健康是一種已經下了定義的並已存在於事物之中的東西，那就可以擺脫這種實際上如何對待目標的困難，因爲努力的限界已知，同時已被下了定義。重要的不再是無望地追求愈追愈遠的目標，而是要持之以恆地努力保持正常形態，一旦這種形態遭到破壞，就去重建它，一旦它的存在條件改變了，就去重新尋找條件。政治家的責任不再是強行推動社會朝著他們認爲是很有魅力的理想發展，而是擔任醫生的角色：以良好的醫療預防疾病的發生，疾病一旦發生就設法醫治。⑲

⑲ 根據本章闡述的理論，人們有時會跟著我作出這樣的結論：十九世紀犯罪行爲的上升是一種正常現象。再沒有比這離我的想法更遠的了！我在關於自殺問題（見《自殺論》第四二〇頁及以後）的論述中所列舉的若干事實，反而使我們認爲這種上升一般說來是病態。不過某種形式的犯罪行爲的一定增長也可能是正常的，因爲每一種文明形態都有其固有的犯罪種類。但這只是一種假說。

第四章　關於劃分社會類型的規則

只有把社會事實放在一定的社會種下考察，才能確定它是正常的還是反常的。因此，從以上所述可以認為：社會學應當有一個分支來研究社會種的構成及其劃分。

此外，這個社會種的概念有很大的用處：它長期以來一直支配著人們的頭腦，在關於集體生活的兩種截然不同觀念之間，為我們提供了一個中項。我要稱這兩種觀念為歷史學家的唯名論①和哲學家的極端實在論。在歷史學家看來，每一種社會都有它固有的特點，它們既不相同，也不可比。每一個民族都有它自己的特徵、特有的結構、自己的法律、道德和經濟組織，這些東西都只適合於它自己，任何形式的推廣幾乎都是不可能的。在哲學家看來則相反，這些被稱為部族、城邦、國家的特殊集團不過是一些臨時的、偶然的、沒有固有的實體的結合。只有人類才是實在的，整個社會進化都出自人性的一般屬性。因此，歷史學家認為歷史只是一個接一個發生的，但不重複的一連串事件；而哲學家則認為，同樣的這些事件，只有印證人類的各項組織所表現的、支配著整個歷史發展的一般法則的價值和意義。根據歷史學家的觀點，對於某個社會有益的，並不一定適合其他社會。關於健康狀況的條件，一個民族同另一個民族也不相同，不能從理論上加以規定。這是要靠實踐、經驗和摸索來解決的問題。根據哲學家的觀點，關於健康狀況的條件，對於整個人類也是可以一勞永

① 我所以這樣稱呼，是因為它常見於歷史學家，但我並不是說所有的歷史學家都有這種觀點。

逸地預測出來的。因此，似乎社會現實只能是抽象的、模糊的哲學對象，或者是純屬敘述的專題研究對象。但是，只要承認在這差異很大的歷史社會和關於人類的唯一的、然而是理想的概念之間，存在著一些中間媒介，即社會種，就可以擺脫這種困難的抉擇。實際上，社會種的觀念已把眞正的科學研究所要求的統一性和事實中存在的多樣性結合在一起了，因爲種的屬性在它的所有個體身上都是同樣的，而另一方面，在種之間又是互不相同的。的確，道德、法律、經濟等制度是變化無窮的，但無論它們如何變化，也不會具有使人無法對它們進行任何科學思考的性質。

孔德就是因爲不知道社會種的存在，才以爲可以把人類社會的進步視爲一個單一的民族的進步，認爲「從不同民族中觀察到的連續不斷的一切變化，都可以從理想出發加於這個民族」。②如果說只存在一個社會種，其中的各個社會在表現這個唯一的社會種的結構特徵時，有的全面、有的不全面，在反映人類的特點時，有的充分、有的不充分，而在相互之間只存在程度上的不同，則孔德的這個看法也許是正確的。相反，如果說存在著相互之間又有質的不同的數種社會類型，則要使它們相互接近那是徒勞的。這猶如要使一條幾何直線上的等質線段相交一樣。這樣，歷史的發展就失去了人們賦予它的那種理想的、過於簡單的統一

② 見孔德《實證哲學教程》第四卷，第二六三頁。

性。可以說歷史的發展分成了許多階段，而且這些階段的性質又極不相同，所以歷史的發展就缺少了連續性。帕斯卡的著名比喻③雖爲孔德所引用，但現在看來也是沒有根據的。

那麼，如何來劃分這些社會的種呢？

一

乍看起來，似乎沒有別的辦法，只有對每一個社會分別進行研究，盡可能準確和全面地寫出有關每個社會的專論，然後對這些專論進行比較，看它們在哪些方面是一致的、哪些方面是有分歧的；再根據類似和差異的相對重要性把各民族歸於類似的或相異的一組。人們支持這種方法，指出它是觀察科學的唯一可以接受的方法。實際上，種不過是個體的縮影。因此，如果不從描述每個個體和全部個體開始，怎麼能構成社會種呢？難道沒有一個先觀察個體，而且是觀察每一個個體，然後再上升到一般的規則嗎？正是因爲人們覺得沒有這樣的規則，才往往主張把社會學的建立無限期地推遲下去，等到歷史學在對個別社會的研究中得出相當客觀的、能夠做出有效比較的一定結果時再進行社會學的研究。

③ 指帕斯卡《思想錄》的第一句話：「人是會思考的蘆葦。」——譯者

然而，這種愼重態度只是表面上看來具有科學性。實際上，有人認爲，一門科學只有把它所說明的全部事實都逐一研討後才能定出定律，只有在把屬所包括的所有個體都逐一作全面描述後才能形成屬的範疇，但這是不正確的看法。眞正的實驗方法主張不用那些只是由於數量特多才有證明力，並由此往往得出可疑的結論的常見事實，而是願意用不管數量多少，但本身具有科學價値和意義的決定性事實，或培根所說的「判定性或裁決性」事實。④當研究種和屬的劃分時，這種方法尤爲重要，因爲把每個個體的特性都一一列舉出來，是一項困難的任務。所有的個體都是無限的，而無限的東西是取之不盡的。我們只要那些最基本的屬性嗎？但我們又根據什麼原則來進行選擇呢？爲此，就必須有一個超越個體的、從而就連最出色的專論也不可能提供給我們的標準。我們甚至無須對事物作嚴格分析，就可以預言：作爲分類基礎的特徵愈多，就愈難使特徵在個別事例中的不同結合方式，顯示出事物之間眞正的相同和明顯的差異，以作爲劃分一定的群或亞群的依據。

即使可以根據這種方法進行分類，那這種分類也有一個很大的缺陷，即它無法發揮它應有的作用。其實，分類的目的首先在於，以數量有限的類型代替數量無限的個體進行研究和作全面分析以後才能形成，那這種分類也就失去了它的優點。如果它只是教人對以往所做的

④ 見培根《新工具》第二卷，語錄三十六。

研究進行概括，那它絲毫無助於科學研究。要使分類眞正發揮作用，除非讓我們用其他指標，而不是用作爲分類基礎的特徵來分類，也就是除非使我們能夠爲未出現的事實定出範圍。分類的作用，是使我們掌握能與那些本身不能提供分類標準的觀察聯繫起來的標準。但這樣一來，分類就不能按照所有個體的全部特性進行，而必須根據從中仔細選擇出來的少數特性進行。在這樣的情況下，分類就不僅使我們能把已有的全部知識初步條理化，而且還有助於我們形成新的知識。它將給觀察者以指導，使其在觀察事物時省去許多步驟。因此，我們根據這個原則來進行分類以後，要想知道一個社會事實在該社會種裡是否普遍存在，就無須對這個社會種的每一個社會逐一進行觀察，只選擇其中若干個進行觀察就足夠了。甚至在許多情況下，與一次良好的經驗往往足以確立一項定律一樣，只需做一次周密的觀察也就足以達到目的了。

因此，我們在分類時就應該選擇特別重要的指標。當然，只有對事實解釋得十分充分時，我們才能找到這些指標。科學的這兩個部分——分類和解釋，既是相互關連的，又是相互促進的。然而，即使沒有深入研究事實，也不難推測從哪一方面去尋找社會類型的特有屬性。實際上，我們知道社會是由一些互爲補充的部分組成的。既然一切合成的東西的性質必然取決於它的構成成分的性質、數量和它們的組合形式，那麼這些特性顯然應該作爲我們分類的依據。實際上，我在後面將會提到，社會生活的普遍事實就是由這些特性所規定的。另一方面，因爲這些特性屬於形態學領域，所以我們可以把社會學中以構成和劃分社會類型爲任務的這部分稱爲社會形態學。

對於這種分類的原則，甚至可以進一步精確化。我們知道，實際上任何一種社會都是由比它更爲簡單的社會構成的。一個民族是由先前的兩個或若干個民族集合而成的。因此，如果我們知道一個曾經存在過的最簡單的社會之後，要想對它進行分類，就只研究這最簡單的社會是如何自己形成的，它的組合體是如何組合起來的，就可以了。

二

史賓塞先生十分清楚，社會類型的系統分類不能再有別的依據。

> 他說：「我們發現，社會的進化由簡單的小集合體開始，並透過幾個這樣的小集合體聯合成爲較大的集合體而向前發展，這些較大的集合體得到鞏固以後，再與類似的集合體聯合成爲更大的集合體。因此，我們的分類應該從最初的，即最簡單的集合體開始。」⑤

然而，要把這個原則用於實際，首先必須對簡單社會下個準確的定義。可惜，史賓塞

---

⑤ 史賓塞《社會學原理》第二卷，第一三五頁。（英文版vol. I, part II, ch X, p. 570。——譯者）

非但沒有下過這個定義，而且還認爲下這個定義幾乎是不可能的。⑥實際上，他所理解的簡單，本質上是指社會組織的某種簡略。可是，要準確說出社會組織何時可稱之爲簡單社會的最初時期，並不是一件容易的事情，因爲這是如何評價的問題。同樣，他所作的論斷也是通用性很強的，可以適用於所有的各種社會。他說：「我們只好把那種自身形成爲一個整體、不屬於其他整體，其組成部分無論有無調節中心都以某種共同利益爲目的而相互合作的社會看作是簡單社會，除此而別無辦法。」⑦但是，有許多氏族符合這個條件。這樣一來，他就無意之中把所有未開化的社會都混在這個名稱裡了。出發點既然如此，他的分類的其餘一切也就可想而知了。我們從中看出，他以令人吃驚的混亂，把一些極不相同的社會結合在一起了：把荷馬時代的希臘社會和十世紀的封建制度擺在一起，並一同置於波札那人、祖魯人、斐濟人之下；把雅典同盟和十三世紀法國的封建制度擺在一起，並一同置於易洛魁人和阿洛柯人之下。

「簡單」一詞只有在表示整體中完全沒有部分時才有確切的意思。因此，應當把簡單社會理解爲其中沒有比它自己還簡單的社會的一切社會，它不僅現在只有一個環節，而且不帶

---

⑥「我們永遠說不準簡單社會是怎麼構成的。」（同上書第一三五、一三六頁。）（英文版同上。——譯者）

⑦同上書，第一三六頁。（英文版同上，第五七一頁。——譯者）

有以往曾經有過數個環節的任何痕跡。我在另一著作[8]裡解釋過的斡爾朵（horde），[9]就完全符合這個定義。斡爾朵是一個社會集合體，其內部不包括而且從未包括其他最簡單的集合體，但可直接分解爲個人。個人在大群體內部不再形成有別於大群體的特別群體。他們像原子一樣並列於群體內部。我認爲，沒有比「斡爾朵」再簡單的社會了。它是社會領域的原形質，因而也是一切分類的自然基礎。

確實，不可能存在完全符合這一特徵的歷史社會。但是，正如我在《社會分工論》裡所指出的，我們知道有許多社會是由斡爾朵的反覆出現而直接形成的，並沒有經過其他中間階段。當斡爾朵如此變成一個社會環節，而不是一個完整的社會時，它改名爲氏族，但仍保留著原來的結構特點。實際上，氏族是一種不能再分解爲其他的更小的集合體的社會集合體。人們也許會指出，一般來說，就我們今天所見，氏族都是由許多單獨的家庭組成的。但是，首先，我認爲這種小型家庭集合體的形成是在氏族之後，其理由我在此不加闡述；其次，嚴格說來，它們還構不成社會環節，因爲它們不是一種政治單位。在凡是有氏族的地

---

⑧ 見《社會分工論》，第一八九頁。

⑨ 爲突厥族和蒙古族的氏族軍事組織，元史一般譯爲「斡爾朵」。涂爾幹不是用的這個詞的原義，此處是指臨時結合在一起的、不固定的人類群體，也就是「遊牧團體」。——譯者

方，氏族都是最小的政治單位。因此，即使我們沒有其他事實（這種事實是存在的，總有一天我會有機會對此進行闡述的）來證明斡爾朵的存在，氏族的存在，即由斡爾朵的聯合而形成的社會的存在，也使我們能夠設想最早出現的社會，是可以還原為眞正的斡爾朵的最簡單社會，並把這種最簡單社會視為一切社會種的來源。

提出斡爾朵或單環節社會這一概念後（不管是把它理解為歷史的實在，還是把它理解為科學的假設），我們就有了描繪社會類型的全部發展階段所必須的支點。斡爾朵自我結合而形成新社會的方式有多少，就能分出多少基本類型；而新形成的社會，它們的相互結合的方式有多少，也就能分出多少基本類型。我首先要談的是由斡爾朵或氏族（斡爾朵獲得的新名稱）的簡單再現而形成的集合體。這時，氏族還沒有以包括所有氏族在內的總體與每個氏族之間的中間團體的形式聯合起來。這些集合體就像斡爾朵中的個人那樣，完全是並列存在的。這類社會的實例可在易洛魁人和澳大利亞土著的某些部落裡找到，我們可以稱這類社會為**簡單的多環節社會**。阿爾科（arch）即卡比利亞人[10]部落也有這種性質。這是一種以村落為形式的定居的氏族聯合。大概歷史上有一個時期，羅馬的氏族聯合（curie），雅典的氏族同盟（phratrie）就是這類社會。我上面所說的，是由屬於前述的社會種的社會集合

---

⑩ 北非柏柏人的一支。——譯者

而成的社會，即簡單合成的多環節社會。易洛魁人的聯盟，卡比利亞人的部落聯合形成的聯盟，都具有這樣的特徵。聯合起來之後建立羅馬城邦的三個原初部族，最初各自也具有這樣的性質。下面我要說的是雙重合成的多環節社會。這種社會是由若干簡單合成的多環節社會的並存或融合而產生的。城邦或部落集合體就是如此。它們本身是氏族聯合的集合體，而氏族聯合則可還原爲父系氏族或母系氏族。還有日爾曼人的部落，它的伯爵封地數以百計，這些伯爵封地又以已經變爲村落的氏族爲最小單位。

我無須對上述的若干說明再作進一步闡述和深入研究，因爲這裡不是專門研究社會分類的問題。這是一個十分複雜的問題，像這樣附帶地討論一下是不夠的，它必須作一系列專門的長期研究。我想舉幾個例子來說明我的觀點和指出應該如何運用方法方面的原理。也不能把上面講的看作是對初民社會的全面分類。爲了便於大家一目了然，我講得稍微簡單了一些，實際上，據我的推斷，每一高級類型都是透過同一類型裡的社會，即最靠近它的低級社會的再現而形成的。不過，以不同高度居於社會類型系譜樹上的不同種的社會聯合起來形成一個新種，也不是絕對不可能的。我至少知道這樣一個例子，這就是由性質不同的民族組成的羅馬帝國。⑪

---

⑪ 但是，一般說來，組成新的社會種的各個社會之間不會有很大的差距，否則，它們就不會有任何精神上的一致。

但是，社會類型一經確定，就要根據構成該社會的環節保留了多少個性或者被全體同化，來區分每一類型中的各種變種。其實，我們知道，社會現象不僅要因其構成因素的性質不同而變化，而且因其構成方式的不同而變化；特別是因每個單獨的集團保留其地方生活或全部融入全體的總生活，即隨著集中程度的不同，而呈現出十分不同的樣子。因此，我們應該研究這些環節社會是否在某一時刻完全融合爲一體了。這種完全融合的存在，可由社會的原始構成不再對行政和政治組織產生影響這一點來確認。由此可見，城邦和日爾曼部落是有著明顯差別的。在日爾曼部落裡，以氏族爲基礎的組織雖然衰弱了，但一直存在到部落史的結束；而在羅馬和雅典，氏族很早就成爲世俗組織而不是政治單位了。

在如此構成的框架的內部，可以根據次要的形態學特點設法定出新的區分。但是，我絕不認爲繼續進行上面所說的一般區分會有用處，其理由我將在後面加以闡述。再則，我也沒有必要對此作詳細的論述，只提出分類的原則就足夠了。這個原則可表述如下：首先，以最簡單的社會或單環節社會為基礎，根據社會表現出的融合程度對社會分類；其次，再在各類社會的內部根據最初的多環節是否完全融合為一體區分出各類變種。

三

當讀者看到我沒有直接證明社會種的存在，卻斷言社會種是存在的，可能會對我提出疑問。上述的規則無形中回答了這個問題。我上面敘述的社會分類法的原則本身，就已包含著關於社會種的存在的證明。

其實，我剛才已經講過，各類社會不過是同一種單一的初民社會的不同組合而已。但是，同一種要素不能自我組合，而由它們組成的組合體雖然可以互相組合，但方式有限，尤其當組合要素爲數不多時更是如此。比如，社會的環節就是這樣。因此，所能進行的組合有限，而且大部分組合必然重複。這樣，就出現了社會種。而且，某些組合可能只出現一次，但這並不妨礙社會種的存在。在這種情況下，可以說社會種只包含一個個體。⑫

因此，與生物學上存在種的道理一樣，社會也有種。實際上，生物學上的種不過是根據生物有機體的解剖學單位的不同組合而定出來的，不過就這一點而言，兩者之間是有著很大的差別的。實際上，在動物身上，有一個特別因子使種的屬性具有其他屬性所沒有的抵抗力，這指的是生殖。種的這一屬性是世世代代不變的，所以根深蒂固存在於有機體之中。因此，儘管外在條件多變，它也不受個體環境的影響，而保持自身的同一性。這種屬性雖會遇到外部的影響促其改變，但它有一種內在的力量使自己穩定，而予以抵制，這是指遺傳習慣的力量。正因爲如此，這種屬性才表現得十分明顯，並能準確地確定出來。然而，對於社會

⑫ 羅馬帝國不就是這樣的嗎？它在歷史上似乎是獨一無二的。

的種來說，其屬性缺乏這種內因。社會種的屬性只能存在一代，因爲不能逐代加強。事實上，從原則上來說，新產生的社會與產生它的社會並不屬於同一個種，因爲後者是透過重新組合而產生的，是另一種全新的結構。恐怕只有殖民可以與生物的胚胎生殖相比。但是，爲了保持原來的文化，移民團體就不能與某種其他社會或其變種混合在一起。社會種特有的屬性不能透過遺傳，得到使自己像生物那樣能夠抵抗個體變化的強大力量。但在環境的作用下，它們會無休止地變化和改變面貌。因此，當我們試圖掌握社會種的屬性時，排除掩蓋它們的一切可變指標後，所剩下的完全是無法確定其性質的東西。屬性愈複雜，這種不確定性自然愈大，因爲事物愈複雜，其組成部分的組合形式就多樣化。因此，在社會學上，種的類型，除去那些由最普遍和最簡單的指標所規定的以外，並不像在生物學上那樣具有十分明顯的輪廓。⑬

⑬ 在為本書初版（一八九五年）撰寫本章時，我隻字未提按照社會文明程度對社會進行分類的方法。實際上，那時除孔德以外，還沒有權威的社會學家提出過這樣的分類，而孔德的分類現在看來也顯然十分陳舊。後來，有些社會學家在這方面進行了一次嘗試。比如，菲爾坎特的《人類的文化類型》（載於一八九八年《人類學檔案》上）、薩瑟蘭的《道德本能的起源與發展》和施泰因梅茨的《社會類型的劃分》（載於《社會學年鑑》三，第四十三—一四七頁）。不過，我們不在這裡討論它們，因為它們在回答本章所提的問題，這些論文所作的分類不是對社會種，而是對與此顯然不同的歷史階段。法國自古以來經歷了數個非常不同的文明形式：最初是農業，後來過渡到小手工業和小商業，再後來過渡到工廠手工業，最後才過渡到大工業。但是不可能說同一個集合內的個體僅會發生三、四次種的變化，種應當決定於最恆長的特性。經濟、工藝等狀況是很不穩定和十分複雜的現象，不能用作分類的基礎。同樣的工業文明、科學文明和技術文明，甚至很有可能出現在基本結構極不相同的社會。比如，日本可以引進我們的技術、工業、甚至政治組織，但它仍然不同於法國、德國，而屬於另一社會種。我再補充一點：上述的那些嘗試雖然出自一些優秀的社會學家，但只能得出模糊的、有爭論的、用途不大的結論。

第五章　關於解釋社會事實的規則

劃分社會種，首先是爲了便於解釋事實而對事實進行歸類的方法。社會形態學向社會學的正式的解釋部分邁進了一步。這種解釋的方法是什麼呢？

一

大多數社會學家確信，只要指明現象起什麼作用，扮演什麼角色，就算是把它們解釋清楚了。他們認爲，現象的存在僅僅是爲了扮演這種角色，除了使人清楚地或模糊地覺得它們在引發某種作用外，再沒有什麼別的決定性原因。因此，當他們確定了現象的眞正作用，指出它們滿足了什麼社會要求時，就以爲把現象解釋清楚了。於是，孔德認爲人類進步的全部推動力，就在於「直接推動人類從各方面不斷改進其全部生存條件」①的主要意向，而史賓塞先生認爲是追求更大的幸福的欲望。他正是本著這條原理，用合作帶來的好處來解釋社會的形成，用軍事合作產生的效益來解釋統治制度，②用更加完善地調節父母、子女和社會的利益的需要來解釋家庭經歷的變遷的。

① 見《實證哲學教程》第四卷，第二六二頁。

② 見《社會學原理》第三卷，第三三六頁。（英文版vol. 2, part 5, ch 2, p. 247。——譯者）

但是，這種方法混淆了兩個截然不同的問題。說明一個事實有何效用，並不等於說明這個事實是如何產生和爲何成爲現在這個樣子，因爲事實產生的效用雖然要以事實的特有屬性爲前提，但效用本身並不能產生事實。我們對某些事物的需求，並不能隨心所欲地使這些事物適合我們的要求，所以它也無法從無中創造出事物來，使之存在，使事物存在的是另外的原因。我們對於事物所呈現的效用的感覺，可以大力激勵我們使這種原因發生作用和產生結果，而不能憑空造出這種結果。這個命題不僅對於物質現象，甚至對於心理現象都完全適用。在社會學上，只要社會事實不因它特殊的非物質性，使我們錯誤地以爲它失去了全部固有的實在性，則這個命題也是無可非議的。因爲從社會事實中只可看到純精神的結合，所以覺得好像一旦有了社會事實的觀念，或者至少認識到社會事實有效用，社會事實就應該自發地產生。但是，因爲每一社會事實都是一種力量，而且是一種支配我們力量的力量，又因爲每一社會事實都有它們固有的特性，所以要使它們存在，僅憑意圖或願望是不夠的，還必須有能夠產生這種決定性力量的力量和能夠產生這種專門的特性。兩者在這種條件下，社會事實才能夠存在。比如，要重新喚起已經衰微的家庭精神，只讓大家都知道家庭精神的優越性是不夠的，還必須直接求助於那些唯一可能產生家庭精神的原因。要想使政府擁有它所必需的權威，只覺得政府需要權威是不夠的，還必須開發那些唯一能夠產生權威的源泉，即形成各種傳統和一種共同的精神等等。而要做到這一點，還必須在因果關係的鏈條中上溯，一直找出能夠有效地影響人類行爲的那一環。

能夠清晰地證明這兩種研究的雙重性的是：一個事實雖然從來沒有負有任何重要的任務，或曾經有過效用，而後來失去了全部效用，只是由於習慣勢力還繼續存在著。也就是說，雖然完全沒有任何效用，但仍然可以存在。實際上，這類名存實亡的東西，在社會中要比生物有機體中多一些。有時，一種習慣或社會制度改變了其功能，但其性質並沒有因此而改變。比如，「他是正式婚姻所承認的父親」這一條文，仍按古羅馬法原封不動地存在於今天的法典之中。但在古代，設立這一條的目的，是保護父親對其合法妻子所生子女的所有權，而在今天，它主要是保護子女的權利了。再如宣誓，最初只是一種司法考驗，而後完全變成一種莊嚴的、必要的證言。許多世紀以來，基督教的教義沒有改變，但它在現代社會的作用，已與中世紀大不相同了。同樣，還有那些用來表達新思想的語詞，其語法結構並沒有改變。此外，器官與功能並不一致這一命題，即同一種器官可能用於不同的目的，這無論在社會學上還是在生物學上，都是適用的。因此，器官存在的原因，並不與其目的一致。

另外，我並不想說人的意向、需求和欲望從不積極地介入社會的進化。相反，它們肯定會作用於社會事實賴以存在的條件，而促進或阻礙社會的發展。但是，它們不僅無法在任何情況下從無中創造出任何東西，而且它們對於社會進化的介入本身，不管帶來什麼結果，都只能根據其動因而產生。事實上，只要人的意向本身是新的，不管是全部都是新提出來的，還是把以前的意向稍加改變而重新提出來的，在這種有限的範圍內也可能促進新現象的產生。這是因爲如果不假設有一種由上帝事先安排好的和諧，則人們就不會承認：在進化的過程中隨時感到有希望實現的一切意向，在人生下來時就以潛伏的狀況存在，並做好了在環境允許的時候激發出來的準備。要知道，意向也是一種事物，所以也不能只因爲我們認爲它有益而自我形成或改變。它是一種有其固有特性的力，而要發現或改變這種特性，只認識它有某種用處是不夠的。爲了造成這種變化，就要使眞正能促進這種變化的原因發生作用。

比如，我在解釋社會分工的不斷進步時曾經指出，這種進步對於保證人們能隨著歷史的前進而適應新的生存條件是必不可少的。因此，我在解釋社會分工的時候，十分重視這個被極不恰當地稱之爲自我保存本能的意向。但是，首先應該指出，只用這個意向還不能說明即使是最簡單的專業化。這是因爲如果專業化的現象賴以存在的條件尚未形成，即如果個人之間的差異因公共意識的日益曖昧和遺傳影響的日益減弱而沒有發展到足夠大的時候，這個意向就毫無用處。然而，必須是分工已經存在，才能看到分工的益處，才能感到分工的需要。只是個人差異的不斷發展，就預示著個人的興趣和嗜好將有更大的差異，從而必然造成分工的後果。但是，此外，人的自我保護本能並非自發地、無原因地爲專業化奠定了這個基礎。人的自我保護本能之所以自己走向並把我們也引向這條新的道路，那首先是因爲它過去走過的和引導我們走過的道路已經行不通了，即隨著社會結合得日益緊密，競爭更加激烈，以致繼續從事非專業化工作的人們愈來愈難以生存了。這樣，自我保護的本能就不得不改變方向。另外，這種本能之所以能夠轉向，而且主要是使我們的活動能夠轉向永遠處於發展狀態的社會分工，那是因爲這個方向阻力最小，其他可能走的道路，就是遷移、自殺和犯罪。但一般說來，我們對鄉土的留戀、對生命的珍惜、對同胞的同情，要比能使我們拒絕接受狹窄的專業化的習俗更加強烈和固執。因此，每當我們萌生遷移、自殺和犯罪的念頭時，習俗必然讓路。這樣，我們即使部分地也不會回到目的論的道路上去，因爲在社會學的解釋中，我們不得不給人的需求留一席之地。人的需求只有在自身也進化的條件下影響社會的進化，而它所經歷的變化用本身沒有任何目的的原因來解釋。

但是，比上面的論述更有說服力的，還是社會事實本身。凡是目的論占優勢的地方，都或多或少受著偶然性的支配，因爲即使假定所有的人都處於同樣的環境裡，也沒有一定要賦予人人以目的，更沒有這樣的手段。雖然大家都在同樣的環境裡，但每個人將按自己的性格、以自己認爲最好的方式去適應環境。有的人會設法改變環境，使之與自己的要求協調；有的人則願意改變自己，節制欲望。而爲了達到共同的目的，可以有多種多樣的途徑，而且確實被人採用！因此，如果歷史的發展確實在追求一些清晰地知道或漠然地感到的目的，則社會事實便會呈現出無限的多樣性，而且幾乎不可能對它們進行任何形式的比較了。但實際情況與此相反。毫無疑問，就各個民族而言，籠罩在它們的社會生活的表層的外在事件並不相同。個人也是如此，雖然每個人的身心結構的基礎相同。但各個人的經歷並不相同。實際上，只要我們稍一接觸社會現象，就會驚訝地發現，情況與上述相反，在同樣的環境裡，社會現象以一種令人吃驚的法則性反覆出現，甚至一些最細微的表面上看來十分幼稚的行爲也以驚人的一致性反覆出現。比如，像搶親這種現在看來單純是象徵的結婚儀式，在一定的家庭類型本身與整個政治組織聯繫起來的地方，依然到處可見。再如擬娩③、弟娶寡嫂、外婚制等最古怪的習俗，雖可見於各不同民族，但都是一定社會狀況的病態。立遺囑權產生於一定的歷史時期，根據對它所作的限制的大小，就可以說出人們處於社會進化的什麼階段。還可以舉出很多這方面的例子。但是，如果在社會學上目的因具有人們賦予它的優越性，則以集體形式出現的這種普遍性就無法解釋了。

因此，**當我們試圖解釋一種社會現象時，必須分別研究產生該現象的原因和它所具有的功能**。我在這裡之所以要用功能一詞，而不用目的或目標等詞，正是因爲一般說來社會現象並不是爲了它所產生的有用結果而存在的。應該確定的是，我們所研究的社會事實與社會有機體的普遍需要是否一致，這種一致表現在哪些方面，而不必知道這種一致是否符合我們的意圖。況且，有關意圖的一切問題都太具主觀性，不宜科學地加以研究。

關於社會事實的原因和功能這兩類問題，不僅應該分別研究，而且一般說來應該先研究前者，然後再研究後者。這種先後次序實際上也是符合社會事實的次序的。自然應該先研究現象的產生原因，而後再設法探明它造成的結果。這種方法也是很符合邏輯的，因爲第一個問題一經解決，往往有助於第二個問題的解決。其實，原因與結果之間的牢固聯繫具有一種

③ 丈夫模擬妻子分娩的風俗。——譯者

互補性，但這個性質還沒有被充分認識。當然，沒有原因就不可能有結果，而原因也需要有其結果。結果要從原因那裡汲取力量，並且一有機會，就把這種力量還給原因，所以，除非不再受原因的影響，否則結果是不可能消失的。④比如，以懲罰形式出現的社會抵制，出自被犯罪觸犯了的強烈的集體感情，而懲罰反過來又具有使集體感情能維持到這樣強烈的程度的有益功能，因爲犯罪行爲觸犯了集體感情而受不到懲罰時，集體感情很快就會減弱。⑤同樣，隨著環境的日益複雜和變化，已有的傳統和信仰開始動搖，變得極爲模糊且軟弱無力，而反省的能力卻發展起來，但這種反省能力使社會和個人適應日益變化和複雜的環境是不可或缺的。⑥隨著人們必須付出強度愈來愈大的勞動，勞動產品也就愈來愈豐富，產品品質也愈來愈好，但豐富而優質的產品，是要以更大量的勞動付出爲代價的。⑦由此可見，社會現象的原因，絕不存在於對社會現象應具有的功能的心理預測之中。相反，這種功能至少

④ 在此，我不想觸及一般哲學問題，因爲這裡不是討論哲學問題的地方。但我要順便指出，透澈地研究結果與原因的互補性，可以爲我們提供一種能使科學的機械論予以生存，特別是保護生活爲內容的目的論協調起來的手段。

⑤ 見《社會分工論》第二章Ⅰ，Ⅱ，特別是第一〇五頁以後。

⑥ 同上書，第五十二、五十三頁。

⑦ 同上書，第三〇一頁及以後。

在多數情況下，在於維護早先產生社會現象的那些原因。因此，只要我們先知道了社會現象的原因，其功能就十分容易找到。

然而，我們把確定社會現象的功能放在次要的位置，這不是說它對於完整地解釋社會現象並不重要。實際上，雖說事實的效用不在於使事實存在，但一般說來，事實要使自己能夠繼續存在，它本身必須是有用的。否則，它就毫無用處而有害了，因爲在這種情況下，它只會造成支出而無法帶來任何收入。因此，如果社會現象普遍具有這樣的寄生性質，則社會組織的預算就只能出現赤字，而社會生活也就不可能了。所以，要想對社會生活做出令人滿意的解釋，就必須指出反映在社會生活上的各種現象是怎樣互相協助，以使社會自身達到和諧並與外界保持和諧的。的確，認爲生命的存在是內在環境和外在環境保持一致的這個流行說法是不嚴密，但一般說來還是正確的。因此，爲了解釋生命界的事實，只指明事實賴以存在的原因是不夠的，至少在多數情況下還必須指出這個事實在建立這種一般和諧中所產生的作用。

二

認識到原因和功能這兩個問題以後，我們就應當規定解決它們的方法。

社會學家普遍採用的解釋方法，基本上是心理學的、同時也是目的論的方法。這兩種傾向是相互依賴的。實際上，如果說社會只是人們出於某種目的而建立起來的一套手段，則這種目的只能是個人的，因爲在社會成立之前只存在著個人。因此，對社會的形成起了決定作用的觀念和需要都只能來自個人。既然一切都來自個人，所以一切解釋也就必須由個人開始。況且社會中除了個人的意識以外，再無任何東西存在。因此，社會的全部進化的原因也只能存在於個人意識之中。由此可知，社會學法則只能是心理學法則更一般性的推論而已。對集體生活的最終解釋，就是讓人知道它是怎樣來自人的一般本性的：是不經過事先觀察而直接來自人的本性呢？還是經過觀察而後把它與人的本性聯繫起來呢？

孔德幾乎逐字地用這些術語來說明其方法的特點。他說：「既然從整體上來觀察的社會現象實質上只是人性的簡單發展，而不是某一權威力量的創造，所以，如我上面所述，透過社會學觀察可以逐漸揭示出來的一切實際傾向，至少應以萌芽狀態出現在生物學提前爲社會學建立的基本類型中。」⑧這就是說孔德認爲，在社會生活中起支配作用的事實是進步；而另一方面，這種進步又依存於純心理因素，即依存於促進人性不斷發展的傾向。他說，社會事實完全是直接來源於人的本性，以致在歷史的初期階段甚至可以直接

⑧ 見《實證哲學教程》第四卷，第三三三頁。

從人性中演繹出來，而不必依靠觀察。[9]當然，孔德承認在進化到較文明的時期，是不能採用這種演繹方法的。但這種不可能純粹是從實際出發。這是因爲從出發點到終點的距離太長，而導致人的精神沒有嚮導而自行跋涉，這是有迷路的危險的。[10]但是，人性的基本法則和社會進步的最終結果之間的關係並不是不可分析的。文明最複雜的形式只能來自發達的心理生活。因此，即使心理學的理論不足以作爲社會學推論的前提，也是可以檢驗透過歸納確定命題的可靠性爲唯一的試金石。孔德說：「任何一種關於社會興衰發展的法則，即便具有一切可能的權威性，並且是以歷史方法定出來的，也只有在它以直接的或間接的、但應是無爭議的方式與關於人的本性的實證理論合理地聯繫起來以後，才能最終被人承認。」[11]因此，最終的發言權仍屬於心理學。

這也是史賓塞先生採用的方法。實際上，按照他的說法，產生社會現象的兩大因素：一是宇宙環境，二是個人的身心構造。[12]但是，前者只能透過後者對社會產生影響，後者才是

---

⑨同上書，第三四五頁。

⑩同上書，第三四六頁。

⑪同上書，第三三五頁。

⑫見《社會學原理》第一卷，第十四、十五頁。（英文版vol. I, part I, ch 2。——譯者）

社會進化的基本動力。社會之所以組成，就是爲了使個人得以實現其本性；而社會經歷的一切變革，也只是爲了使個人本性的實現更加容易和更加完整。史賓塞先生就是根據這一原理，在沒有對社會組織作任何探討之前，就認爲應該用它的《社會學原理》一書的第一卷的全部篇幅來對原始人的肉體、情緒和智力方面進行研究。他說：「社會學這門科學，以按照我們所說的條件在人的肉體、情緒和智力參與下構成的並具有早就獲得的觀念和與其相應的感情的社會單位爲出發點。」⑬於是，他認爲政治的統治產生於對活人的畏懼，而宗教的統治則產生於對死人的畏懼。⑭的確，他承認社會一經形成就會反過來影響個人。⑮但不能由此就說，社會具有直接產生哪怕是最小的社會事實的能力。從這個觀點來看，社會只是以個人在它的作用下發生的變化爲媒介才具有了原因的效力。因此，一切都永遠只能來自人原初的或派生的本性。此外，社會對於其成員所引發的這種作用，也不會有任何特別的性質，因爲政治目的本身就沒有什麼具體內容，而只是個人目的的簡單表達。因此，社會對其成員的作用只能是個人活動的自我回歸。尤其在工業社會裡，更看不到表現在

---

⑬ 同上書，第五八三頁。（英文版vol. I, part I, ch 27, p. 456。——譯者）

⑭ 同上書，第五八二頁。（英文版，同上，第四五六頁。——譯者）

⑮ 同上書，第十八頁。（英文版，同上，第十五頁。——譯者）

什麼地方，因爲工業社會的目的就是要恢復個人的自由及其自然衝動，使個人擺脫一切社會束約。

這一原理不僅成爲普通社會學的重要理論的基礎，而且也使許多分科理論受到啓示。比如，人們通常就是以父母對子女的感情和子女對父母的感情來解釋家庭的建立，以婚姻帶給夫妻雙方及其子孫後代的好處來解釋婚姻制度，以個人利益受到嚴重損害而會激起的憤怒來解釋刑法的。經濟學家，尤其是正統派經濟學家所理解和解釋的一切經濟生活，最終都與希望致富這一純個人因素分不開。那麼，道德呢？人們把個人對自己的義務當做倫理的基礎。宗教呢？人們認爲宗教是對自然的強大力量和某些人的偉大人格的印象的產物等等。

但是，用這種方法去解釋社會現象，只會歪曲社會現象。證明這一點並不難，只要回顧一下前面我對社會現象所下的定義就夠了。既然社會現象的基本特性在於從外部對個人意識施加壓力，這就表明社會現象不是產生於個人意識。因而社會學也就不是心理學推論而來的。既然社會現象只是透過一種力量，或至少是透過或大或小的壓力來影響我們，那麼這種約束力就證明社會現象所表現的性質不同於我們自身的性質。即使社會生活僅僅是個體存在的延伸，社會生活也不會回到發源處而粗暴地侵犯個體存在。如果個人在以社會的存在而行動、感覺和思想時所服從的權威時時都在支配著個人，那就說明這種權威是一種超越個人的、因而個人不能說明的力量的產物。個人所受的這種外來壓力不可能來自個人，所以也不以個人的東西來解釋。的確，我們並非不能約束自己，我們可以抑制我們的意向、習慣甚至本性，下禁令阻止它們發展。但不應該把這種禁止行動與作爲社會約束的行動混爲一談。禁止的過程是離心的，而約束的過程則是向心的。前者首先在個人的意識中形成，然後逐漸由外及裡，陶冶爲個人的意志。如果我們願意的話，也可以說禁止是使社會約束產生心理效應的一種手段，但它本身不是社會約束。

如果撇開個人，那就只剩下社會了。因此，必須從社會本身的性質中去尋求對社會生活的解釋。實際上，我們知道，社會在時間和空間上都無限地超越個人，所以社會能將被它的權威所神聖化的行爲方式與思維方式強加於個人。這種壓力由群體施於個體，是社會事實的特殊標記。

但人們會說，既然個人是構成社會的唯一要素，那麼社會學現象的最初起源就只能是心理學的。在作這種推論的同時，還可以很容易地認定，可以透過無機現象對生物學現象進行有分析地解釋。實際上，可以肯定活細胞裡只存在著無生命物的分子。只不過這些分子在細胞內結合，而這種結合則是以生命爲特徵的新現象的原因。但在結合的分子中，任何一個裡面連生命的胚芽都不可能存在，這是因爲整體並不等於分子相加的總和，而是另外一種東西，其屬性與其組成部分的屬性不同。結合並非像人們曾經認爲的那樣，是一種只是從外部把已形成的事實和屬性聯繫起來而本身沒有再創造能力的現象。相反，結合難道不能是在事物的普遍進化過程中相繼產生的一切新事物的源泉嗎？在低等生物和其他生物之間，除了結合上的不同之外，還有什麼別的不同嗎？所有這些東西最終都能分解爲性質相同的分子，但是，這些分子的這裡是並存，在那裡是結合；在這裡以這種方式結合，在那裡以他種方式結合。我們甚至可以思忖：這個法則是不是可以用於礦物界，無機物表現出來的差異是不是出於不同起源？

根據這個原理，社會並不是個人相加的簡單總和，而是由個人的結合而形成的體系，而這個體系則是一種具有自身屬性的獨特的實在。毫無疑問，如果沒有個人意識，任何集體生活都不可能產生，但只有這個必要條件是不夠的，還必須結合或化合個人意識，而化合還要有一定的方式。社會生活就是這種化合的結果。因此，我們只能以這種化合來解釋社會生活。個人的精神在相互結合、相互滲透和相互融合的過程中產生一種存在，說這種存在是心理的存在亦可，但它具有一種新的心理個性。⑯因此，只能在此個性的性質中，而不能在構成此個性的各成分中，去尋找該個性產生的事實直接的、具有決定性的原因。團體的思

---

⑯ 這樣，我們就知道可以和應該從哪些方面和出於什麼理由來研究不同於個人意識的集體意識了。爲了證明這種不同，沒有必要使集體意識具體化。集體意識是特別的，應該以專門術語來表示，這只是因爲在構成狀態上，集體意識和個人意識有種屬的不同。它們的這種不同起因於它們不是由同樣的成分組成的。實際上，個人意識產生於孤立的有機的——心理的存在的本性，而集體意識則產生於許多的這種存在的結合。既然結合的成分如此不同，結果也就不可能相同。此外，我關於社會事實的定義也只在於以另一種方式標出這個分界線。

想、感覺和行爲，與其單獨的個體成員的這些東西全然不同。因此，如果我們從孤立的個人出發去研究，我們就完全不能了解團體內部發生的一切。總之，心理學和社會學之間、生物學和物理—化學各科之間，存在著同樣的不連續性。因此，用一種心理現象直接解釋一種社會現象時，可以肯定每次都將是錯誤的。

人們也許會反駁：社會一經形成，實際上就是社會現象的直接原因，所以使社會形成的那些原因都是心理性的。他們承認，個人結合時，就能產生一種新的生活；但他們又斷言這種新的生活只是由於個人的原因才產生的。而實際上，不管你如何上溯歷史去考察，結合的事實是最大的義務，因爲它是其他義務的源泉。我們一來到這個世界上，就擔起了屬於一定的民族的義務。有人說，後來我們一長大成人便因爲我們要繼續生活在自己的國家裡，而同意了這項義務。但這有什麼用呢？這種同意並不能取消它的命令性。接受或心甘情願承受一種壓力，並不能使它不再是壓力。那麼，這種同意有什麼意義呢？首先，它是被迫的，因爲在絕大多數情況下，無論從物質上還是精神上來說，我們都不可能改變自己的國籍，而改變國籍甚至會被普遍認爲是一種叛逆。其次，這種同意不能涉及我們可能並不同意的過去，但過去卻規定了現在。比如我們所受的教育是未經我們同意的，但這種教育比其他原因更能使我們愛戀自己的國土。最後，在我們對未來尚不知悉的情況下，這種同意也不可能對於未來具有道德價值。我們還不知道他日成爲公民後應該盡些什麼義務，又怎麼能預先接受它們呢？正如我在前面論證的，一切屬於義務的東西的源泉都在個人的身外。有史以來，結合的事實具有的特徵一直與其他事實的特徵相同，所以也應該以同樣的方法來解釋它們。另外，任何社會都是接續不斷地直接來自其他社會，所以我可以斷言，在社會進化的整個過程中，個人沒有片刻時間去認眞思考自己是否應當進入集體生活或進入哪種集體生活的問題。爲了能夠這樣提出問題，就得追溯一切社會的最初起源。儘管我們對這個問題可能做出的結論經常令人懷疑，但無論如何不會影響我們研究歷史提供的事實所應遵循的方法。因此，我無須在此對它贅述。

但是，如果由此得出結論，說我認爲社會學應該甚至可以撇開人和人的能力不談，那就眞正誤解了我的意思了。恰恰相反，在產生社會生活的勞動創造中，顯現著人的本性的一般屬性乃是顯而易見的。只不過這種屬性沒有產生社會生活，沒有賦予社會生活以獨特的形態，只是使社會生活成爲可能而已。集體的表徵、情緒和傾向的產生原因，不是個人意識的一定狀態，而是整個社會所處的各項條件。當然，這些條件只有在個體的特性不反對時才能實現，但個體的特性只是一種受社會因素的決定而經常變態的不定的素材。個體特性的貢獻只在於創造一種非常普遍的狀態，即創造一種漠然的、因而具有可塑性的傾向，如果沒有其他因素的介入，這種傾向便不可能具有使社會現象現出特點明確的複雜形式。

比如，人在面對超越自己的強大力量時所產生的感情，與他對擁有自己的信仰、十分繁雜的儀式，以及物質與精神組織的宗教制度，所產生的感情是何等的不同！在兩個血緣相同的人彼此產生同理[17]的心理條件與規定家庭結構、人際關係、人與事物的關係等等的那一套法律與道德規則之間，可以說有不可逾越的鴻溝！我們看到，一個社會的成員即便是一群烏合之眾，他們所形成的集體感情，不僅不會與個人感情的平均值相同，而且會與之對立。如果個人所受的壓力是當代人的影響力與前代人和傳統的影響力結合的正規社會的壓力時，集體感情與個人感情更要懸殊得多！因此，對社會事實作純心理學的解釋，必然忽略社會事實中的獨特東西，即社會的東西。

這種心理學方法的不可靠性之所以未被那麼多的社會學家發現，是因爲他們把結果當作原因，經常把某些相對明確的、特殊的心理狀態看作社會現象的決定性條件，但實際上，這種心理狀態是社會現象所產生的結果。於是，他們認爲某種宗教感情、基本的性愛、孝順、慈愛等都是人生來就有的。所以他們總想用這些東西去解釋宗教、婚姻和家庭。但歷史卻顯示，上述這些傾向絕非人的本性所固有，或在某些社會環境下全不存在，或在社會變型時變得面目全非，失去了原來的彼此間的各種差異，所剩下來的只能被視爲心理的產物，變成一種空泛的、難以捉摸的與需要說明的事實很難聯繫起來的東西。由此可見，這些感情並

---

⑰ 假定它是先於一切社會生活而存在。關於這一點，參閱艾斯皮納Espina《動物社會》（*Socit animales*），第四七四頁。

非集體組織的基礎，而是集體組織造成的結果。我們甚至無法證明，喜歡群體生活自古以來就是人類的天性。把它視爲在我們身上慢慢形成的社會生活的產物倒是合乎情理的，因爲觀察已經證明，動物能否群居取決於其棲所的條件是否需要它們群居。還要補充的是，在這種非常明確的傾向與社會現實之間還存在著相當大的距離。

另外，還有一種方法可以幾乎完全把心理因素劃分出來，以確定它們的影響範圍。這就是研究人類以什麼方式影響社會的進化。實際上，種族的特性屬於生理和心理的範疇。如果心理現象能夠有效地影響社會，發生它們具有的因果效用，則社會生活就應該隨著種族特性的變化而變化。但是，我們還從來沒有發現一種社會現象是完全依存於人種的。當然，我們不能說這是一個定律，但至少可以認定它是我們實際生活中常見的事實。一些同一種族的社會，其社會組織形式卻彼此極不相同，而一些不同種族的社會，其社會組織形式卻彼此明顯相似。城邦組織，羅馬人和希臘人有過，腓尼基人也曾有過，而且在卡比爾人那裡還正在形成。父系制家庭，在猶太人和印度人中幾乎有著相同的發展，而雖然斯拉夫人也和印度人一樣同屬雅利安人種，但卻並不存在於斯拉夫人；相反，斯拉夫人的家庭形式卻與阿拉伯人的相同。母系制家庭和氏族，到處都可以見到。然而，在一些人種上極不相同的民族中，訴訟程序和婚姻禮儀的細節卻是相同的。既然如此，這就說明心理因素規定社會現象的變化，乃是常見的事。因爲心理因素不能決定社會形式，所以它就不能解釋任何一種社會形式。的確，有一些事實常被歸因於人種的影響，特別是人們喜歡這樣來解釋爲什麼在雅典文學藝術得到那樣迅速有力的發展，而在羅馬卻發展得那麼緩慢無力。但是，對事實的這種解釋只是一種古典的說法，從未得到有系統的證明。它的權威性似乎完全依靠傳統。人們甚至沒有試圖對同樣的現象作過社會學的解釋，以確定這樣的解釋能否成功。但我敢斷定，作社會學的解釋一定會成功。總之，如果如此輕率地把雅典文明的藝術特點歸因於雅典人天賦的美學才能，則幾乎與中世紀人們拿燃素來解釋火，拿催眠力來解釋鴉片的效力沒有什麼兩樣。

最後，即使社會進化的根源確實存在於人的心理結構之中，那我們也無法知道這種進化是怎樣發生的，因爲那就必須承認社會進化是以人性的某種內在力量爲動力。但是這種力量會是一種什麼力量呢？它是孔德所說的，驅使人們逐步實現其本性的那個本能嗎？但如果是這樣，那就等於以問題來回答問題，以人們追求進步的天性來解釋進步。這實質上純粹是一種形而上學，而且是一種無法證明其存在的形而上學。因爲各種動物，甚至是較高級的動物，也沒有一種是因爲進步的需要而生存的。就是在人類社會中，安於死氣沉沉的狀態而不求進步的人也爲數不少。那麼，這種力量是像史賓塞先生所認爲的那樣，是由日益複雜的文明形式愈來愈全面地實現的那種對最大幸福的需要嗎？這樣，就必須證明幸福的增大要靠文明來實現，但我已在另一著作裡⑱指出，這個假設會帶來許多難以解決的問題。不但如此，

⑱《社會分工論》，I, II, 第一章。

如果這兩個假設中有一個被承認，則歷史的發展就不可理解了，因爲由此作出的，純粹是目的論的解釋，而我在前面已經指出，社會事實與一切自然現象一樣，不能只根據它們用於某種目的而加以解釋。當我們完全證明在歷史發展過程中相繼存在的、愈來愈完善的社會組織，得到了日益充分地滿足我們某些基本偏好的效果時，不就等於說明了這些社會組織是怎樣產生的。這些社會組織是有作用的這一事實，並沒有使我們知道它們是由什麼創造的。即使我們知道怎樣構想這些組織，怎樣像做計畫一樣預先設計好這些組織，使它們按照我們的意圖爲我們服務（但已不是容易的事），我們想建立社會組織的願望也沒有力量從無中創造出社會組織來。總之，即使我們承認社會組織是達到我們所追求的目的所必需的手段，這些手段是如何形成的，即它們是根據什麼和透過什麼形成的這一問題也依然沒有解決。

於是我們得出如下一條規則：一種社會事實的決定性原因，應該到先於它存在的社會事實之中去尋找，而不應到個人意識的狀態之中去尋找。另一方面，人們也不難明白，上述這條規則也可像決定社會事實的原因一樣，用來決定社會事實的功能。社會事實的功能只能是社會的，即它能產生有益於社會的效用。當然，社會事實可能，而且實際上也在以最終結果的形式有利於個人。但是，這種幸運的結果並不是社會事實之所以存在的直接原因。因此，我們可以對上述規則作如下補充：一種社會事實的功能應該永遠到它與某一社會目的的關係之中去尋找。

因爲社會學家往往不承認這條規則，以純心理學觀點去認識社會現象，所以他們的學說在許多人看來極其混亂，極其含糊，與他們所要解釋的事物特有的性質相距甚遠。特別是那些非常熟悉社會現實的歷史學家，不能不痛切地感到，實在是無法把這種過於空泛的解釋與社會事實聯繫。毫無疑問，這也是歷史學經常對社會學表示不信任的部分原因。當然，這並不是說，心理事實的研究對社會學是不需要的。即使集體生活不是由個人生活所派生，兩者之間也有緊密的關係；即使前者不能解釋後者，那它至少會使解釋後者的工作容易一些。首先，如我前面所述，社會事實是心理事實經自成一類的製造而成，這是無可辯駁的。不僅如此，這種加工本身與發生在每一個人的意識中的並逐漸變成個人意識的最初成因（感覺、反射、本能）的那種加工也不無相似之處。把「我」稱為有機體，說它是一種特殊的社會，似乎不無道理；而且，很久以前心理學家就已證明結合的作用對於解釋精神生活有著極其重要的意義，因此，對於社會學家來說，心理學素養是比生物學素養還要重要的預備教育。但是，社會學家在掌握了心理學知識以後，必須擺脫它的約束，並以社會學的專業知識加以完善而超過它。這樣，心理學素養才有用。社會學家必須放棄把心理學作為其研究工作的所謂中心的做法，即不要把心理學作為他的研究工作的出發點，也不要把心理學作為進入社會學界的終結點。他必須置身於社會事實之中，以便直接而不是間接地觀察社會事實；同時，僅以關於個人的科學當作一般的預備知識，在必要時才利用它的有益思想。⑲

三

因爲社會形態學事實與生理學現象具有同樣的性質，所以，也應該用我上述的規則來解釋社會形態學事實。但從前面全部的論述可知，社會形態學事實在集體生活中，因而在社會學的解釋當中有重要作用。

實際上，如果按照我前面所述，結合這一事實本身是決定社會現象的條件，那麼，社會現象就應該隨著這種結合的形式，即社會各部分的合成方式的變化而變化。另一方面，與解

⑲ 心理現象只有在與社會現象緊密結合，達到兩者的作用必然滙合在一起的時候，才能產生社會的結果。某些社會—心理事實就屬於這種情況。比如，一位官員是一種社會力量，但他同時又是一個個人。因此，他可以把自己擁有的社會力量用於其個性所指向的方面，從而對社會的狀況產生影響。政治家，而最常見的是天才人物，常有這種情況。天才人物即便不擔任公職，也能依靠大家對他們的集體感情而獲得一種權威。這種權威也是一種社會勢力，並在一定程度上能被用於個人的目的。但有人認爲，這種情況只能歸因於個人的機遇，不能影響作爲社會學研究對象的社會種的結構特徵。因此，上述原則的局限性，對於社會學家來說，並不太重要。

剖學的各部分按照它們在空間所占的位置構成有機體的內部環境一樣，社會的性質不同的成分結合後形成的一定的整體構成了社會的內部環境，所以我們也可以說：**一切比較重要的社會過程最初的起源，應該到社會內部環境的構成中去尋找。**

甚至還可以說得更準確一些。實際上，構成這個環境的有兩種成分，一種是事物，另一種是人。事物中除了存在於社會之中的有形物體外，還應該包括以前的社會創造的東西，如已經建立的法律，已經形成的風俗，不朽的文學、藝術作品等等。但是，顯而易見，無論哪一種事物都不能產生決定社會變革的力量，因爲它們沒有任何驅動力。當然，在解釋社會變革的時候，可以把它們考慮進去。事實上，它們對於社會的進化具有一定的影響，進化的速度、甚至進化的方向，就是因這種影響而改變的。但是，它們沒有可以使社會的進化發生變動的要素。它們是社會活力指向的目標，但它們本身毫無活力。因此，只有所謂的人文環境才是驅動的因素。

因此，社會學家的主要精力，應該用於發現這種環境的、能夠影響社會現象發展的各種屬性。至今，我們發現有兩種非常符合這個條件的屬性。一種是社會單位的數目，即我們所說的社會容量；另一種是人群的集中程度，即我們所說的動態密度。應當把動態密度理解爲集合體純精神的凝結力，而不應當把它理解爲集合體純物質的凝結力。如果一些個人，或更確切地說，由個人組成的群體在精神方面空虛，他們的集合體就不可能有效果。純物質的凝結力不過是純精神的凝結力的補充，但往往能幫助後者產生效果。在社會容量一定的條件下，動態密度可以根據實際上不僅在交易方面，而且在精神方面參與活動的人數計算出來，即可以根據互相交換勞務和競爭的人數，以及生活在共同體裡的人數計算出來，因爲在純經濟關係的條件下，人人都把對方看成了外人，所以人們不參加集體生活也可長期保持這種關係。越過把兩國人民分隔開的國界進行的交易，並不因國界而不再存在。而共同生活只能依靠共同生活的人的有效合作來實現。因此，最能表現一個民族動態密度的，是社會各環節的結合程度。如果社會的各部分各自爲政、各行其是、互不往來，那麼，成員的行爲一般就得局限在自己圈子裡；相反，如果社會的各部分都融合於或希望融合於社會總體之中，那麼，社會生活的範圍就會擴大到整個社會。

現在來說物質密度。最低限度，不僅要把它理解爲單位面積的居民數，而且要把它理解爲通訊、交通的發展程度。它通常是與動態密度同步的，而且一般來說，可以用來衡量動態密度，因爲如果各部分的居民希望相互接近和往來，那麼他們自然就要修築使他們能夠相互往來的通路；另外，相距甚遠的社會群體之間要建立各種關係，那就只有使他們之間的距離不再是障礙，也就是說，必須消除這個距離。但也有例外[20]，而且如果我們總是根據社會

[20] 在《社會分工論》裡，我曾錯誤地把物質密度說成是動態密度的準確表述。但從動態密度的經濟效果來說，比如從社會分工是純經濟事實來說，以前者代替後者，又是絕對合理的。

的物質集中程度來判斷社會的精神集中程度，那我們就會犯嚴重的錯誤。公路、鐵路等對於商業活動的作用大於對絕非自願的民族聯合的作用。比如在英國，它的財富密度超過了法國，但各環節的融合程度，如在鄉土精神和地方生活上所表明的，卻不夠高。

我在另一部著作中已經指出，社會的容量與動態密度的全面擴大是如何使社會生活日益活潑，擴大個人的思想視野和活動範圍，而從根本上改變集體生活的基本條件。在此，我不必去重述我對這個原理的應用所作的解釋，而只作如下的補充：這個原理不僅爲我探討我所研究的更加普遍的問題提供了便利，而且也爲我研究其他許多更爲特殊的問題給予了幫助，從而使我已從大量的經驗中證明它的正確性。然而，這並不足以使我認爲已經找出了對於解釋社會事實可能發揮作用的社會環境的所有特點。我能說的只是找到了這些特點，至今其他特點還沒發現。

但是，我們如此重視社會環境，特別是人文環境，並不表明我們必須從其中去尋找一種最後的、絕對的事實，而不必再往下找了。顯而易見，並非如此，因爲人文環境在歷史每個時期的狀態本身要依存於許多社會原因，其中有些爲社會本身所固有，而另一些則依存於這一社會與相鄰社會的相互關係。另外，科學並不承認有絕對的第一原因。在科學看來，一個事實能夠相當普遍地解釋大量的其他事實，才是第一事實。社會環境自然屬於這類因素，因爲社會環境中發生的變化，不管其原因如何，都要反映在社會有機體的各個方面，並必然不同程度地影響社會有機體的功能。

我們對社會一般環境所述的一切，也完全適用社會所包含的各個群體的特殊環境。比如，家庭規模的大小、持家的勤儉和奢侈，會使家庭生活全然不同。同樣，如果改變行會的組織，使每個行會在全境內都有分支機構，而不像以往那樣僅局限於城裡，那麼它們所產生的作用就同以往大不一樣了。一般說來，隨著一種行業的固有環境之保持穩定，還是像今天這樣開始鬆散，職工的生活也將極不相同。但是，這種小環境的變化，不會對大環境有重大影響，因爲小環境本身是處在大環境的影響之下的。往往是大環境最終影響小環境，正是大環境對各個團體施加的壓力，才使社會團體的結構發生了變化。

這種視社會環境爲社會進化的決定性因素的認識，具有極其重要的意義，因爲如果沒有這個認識，社會學就不能確立任何一種因果關係。

實際上，沒有這類原因，就沒有社會現象所能依賴的伴隨條件，因爲即使外在的社會環境，即由周圍社會所形成的環境可能發生某種作用，那也只是影響社會的進攻和防禦功能，而且只能透過內在的社會環境才能使人感覺到它的影響。因此，歷史發展的主要原因不是存在於目前的事件（circum fusa）之中，而全部存在於過去。它們本身就是這一發展的組成部分，只不過屬於更爲古老的階段。社會生活中目前的事件並非來自社會目前的狀況，而是來自以往的事件，來自以前的歷史事件。社會學的解釋完全在於把現在和過去聯繫起來。

確實，可以認爲這樣解釋就夠了。人們一般不是說歷史學的目的不就是按照事件發生的順序把它們串連起來嗎？但這不能說明在一個時期達到的文明狀態，如何才能成爲後繼文明狀態的決定性原因。人類相繼經歷的各階段，並不一定是先者生出了後者。不言而喻，法律、經濟、政治等制度在一定時期達到的進步，能夠帶來新的進步。但前面的進步是如何預先決定了後面的進步的呢？前面的進步是使我們能夠再向前進的出發點，但激勵我們前進的是什麼呢？這就必須承認有一種能夠促使人類爲了完全的自我實現或者爲了獲得更大幸福而不斷超越既得成果的內在意向，而社會學的目的就在於進一步找出這種意向的發展順序。但是，即使不考慮這種假說所含有的困難，表現這種發展的法則也無論如何不能向我們提供任何說明因果關係的材料。實際上，因果關係只能出現於兩種既定的事實之間，但被認爲是這種發展的原因的內在意向不是既定的，而只是人們根據自己所希望的結果進行的假設和構想。這是一種爲了說明運動而由我想像出來的原動力。但是，一種運動的動力因只能是另一種運動，而不是本身的潛能。因此，我們在這方面實際上所能得到的一切，只是一系列彼此之間並不存在因果關係的變化。一種狀態並不產生緊接其後的狀態，兩者之間的關係完全是時間前後的問題。因此，在這樣的條件下，一切科學預見都是不可能的。我們可以說清楚事物是如何相繼發展至今的，但不知道它們今後會以什麼樣的次序相繼發展下去，因爲規定它們如何發展的原因沒有科學地規定出來，而且也不可能規定出來。的確，人們通常以爲進化將沿著過去發展的方向繼續前進，但這只不過是一種簡單的推斷。沒有什麼能夠使我們相信，已經實現的事實十分充分的地表現出這種意象的性質，使我們足以根據這種意象所不斷經歷的事實，預先測出它將來可能達到的極限。那麼，這種意象經過的並留下痕跡的路線，爲什麼必須是直線的呢？

實際上，正是因爲如此，社會學家所確立的關於社會現象的因果關係才這樣爲數有限。除了孟德斯鳩這個最著名的例子以外，以往的歷史哲學僅致力於尋找人類發展的總方向，而沒有設法把這種進化的各階段與任何一種伴隨條件聯繫起來。孔德對於社會哲學有過很大的貢獻，但他爲社會學問題設置的框框與前人並無不同。因此，他那著名的三階段說㉑也不含有什麼因果關係；就算他的這個法則是正確的，那也只能是而且不能不是經驗的產物。這只是對人類歷史的粗略一瞥而已。孔德把其三階段說中的第三階段視爲人類的最終狀態，未免太武斷了。誰敢說將來不會出現另一個階段？最後，史賓塞所說的在社會學中占統治地位的定律，也沒有與此不同的性質。即使我們今天確實希望從工業文明中去謀求幸福，那誰也不能保證我們今後就不從其他文明中去謀求幸福。上述這種方法之所以流行不衰，那是因爲人們總是把社會環境看成是實現進步的手段，而不是決定進步的原因。

㉑ 指孔德關於人類理智發展的三階段說。孔德認爲，在整個世界發展中，群體、社會、科學，甚至個人思想，都經歷了三個發展階段：⑴神學階段（約一三〇〇年以前），又名虛構階段；⑵形而上學階段（約一三〇〇—一八〇〇年），又名抽象階段；⑶科學階段（一八〇〇年以後），又名實證階段。——譯者

另一方面，也應當從社會現象對社會環境的關係來評價社會現象的有用價值，即我們所說的社會現象的功能。在社會環境引起的變化中，只有適合社會環境所處的狀況的變化才是有用的，因爲社會環境是集體生存的根本條件。這樣看來，我更相信我剛才提出的看法是重要的，因爲只有它才能解釋社會現象的有用性何以不依人們的意志爲轉移而發生變化。當然，如果以具有推動作用的意向只有一個目的爲由，而從背後推動的力量（vis a tergo）所驅使，那也只能有一個評價社會現象有利性和有害性的標準了。這樣，也就只有一種，而且只能有一種完全適合人類的社會組織了，而歷史上相繼出現的不同社會，只是這唯一社會模式的近似形式而已。無須在此指出這種對於社會形式的過於簡單化的認識與人們公認的社會形式的多樣化和複雜化，在今天是多麼不相一致。相反，既然社會制度的合適與否只能根據它所在的社會環境來評定，那麼，在社會環境不同時，評定的標準也就不同了。從而就有了性質互不相同，但能同樣以社會環境的性質爲基礎的多種類型。因此，我們現在討論的問題，就與社會類型的劃分有著密切的關係。社會種之所以有多類，首先是因爲集體生活依存於各種不同的伴隨條件。如果相反，社會事件的主要原因都存在於過去，那麼每一個民族就只能是其前身的延續，而不同的社會也就失去了各自的特性，只能成爲同一民族發展的不同階段。另一方面，因爲社會環境的構成完全取決於社會組合體的組合方式，甚至這兩個術語實際就是同義語，所以我們現在就能證明，沒有比我們前面作爲社會學上分類的依據提出的各種特徵更重要的特徵了。

現在，我們總算比以前更加清楚地看到，人們根據環境和外在條件這兩個用語來指責我的方法，說我到生命體之外去找生命的起源乃是特大錯誤。完全相反，我在前面所作的一切論述，歸納起來就是這樣一個觀點：社會現象的原因存在於社會的內部。正是那種認爲社會是由個人產生的理論才應當作爲試圖用外在的東西說明內在的東西的理論而受到指責（因爲它以社會之外的東西來解釋社會）以及作爲認爲大的東西是由小的東西產生的理論而受到指責（因爲它試圖從部分引出全體）。我前面所述的各項原則，絕未忽視生命體的自然屬性，而如果把它們運用於生物學和心理學，就會承認個體的生命也完全是在個人的內部形成的。

四

從前面確立的一系列規則可以得出對社會和集體生活的一定理解。

在這個問題上，兩個不同的理論把學者分爲兩個陣營。

第一個陣營裡的霍布斯和盧梭認爲，個人與社會是對立的。因此，人天生就抵制共同生活，只有依靠力量才能使他們接受共同生活。社會的目的不僅不會與個人的目的完全符合，反而與個人的目的相悖。因此，爲了引導個人追隨社會的目的，就必須對人進行約束，而主要是在社會活動方面建立和組織這種約束。只是因爲個人被視爲人間的唯一實體，所以以限制和遏止個人爲目的的這種約束就只能被認爲是人爲的。既然它的目的在於對人施加壓力，以免出現個人反對社會的結果，所以，它不是以人的本性爲基礎的。它是一種人造物，一部完全由人的雙手製作的機器，並像一切這類製品一樣，人們喜歡什麼樣式，就把它做成什麼樣式。意志既可以下命令創造它，又可以下命令改變它。霍布斯和盧梭似乎都沒有發現，在承認個人製造一部以控制和約束他自己爲主要功能的機器時所存在的全部矛盾。或者至少在他們看來，只要巧妙地訂出社會契約，使矛盾的犧牲者看不出矛盾，就可以消滅這種矛盾。

自然法理論家、經濟學家和最近的史賓塞先生㉒，受到與此相反的思想的鼓舞，在他們看來，社會生活本質上是自然發生的，社會是自然物。他們雖然賦予社會這種性質，但並不承認社會具有獨特的性質，而是到個人的本性中去找社會的基礎。他們也和以前的思想家一樣，並不認爲社會是一個依靠特殊的原因而自我獨立存在的現象。以前的思想家認爲，社會只是一種沒有用任何紐帶與現實聯繫起來的、也可以說是懸在空中的契約性組織。人生來就有從事政治、家庭、宗教生活和交易活動等傾向，社會組織就是由這些自然傾向產生的。因此，凡是社會組織正常的地方，就沒有必要把它強加於人。當它借助約束的力量時，那就說

㉒ 孔德在這個問題上持極其模糊的折中主義態度。

它已不處於應有的狀態了，或者說社會環境不正常了。原則上，是只讓個人的力量自由發展，以在社會中自行活動。

我的學說與上述兩種學說都不相同。的確，我認爲約束是一切社會事實的特性。只不過我所說的這種約束不是使用一套巧妙的辦法，讓人們掉進圈套也覺察不出來。這種約束只是讓個人面對管理他的那個力量時表示服從，但這個力量是自然的。這個力量不是由人的意志強加給現實的那種契約性組織，而是產生於現實的深處，是既定原因的必然產物。因此，爲使個人自願服從這個力量，不必使用任何詭計，只讓個人意識到自己自然處於從屬的和軟弱的地位，即透過宗教使個人對這種地位產生感性的、信條化的認識，或透過科學使個人對這種地位形成一種適當而明確的觀念，就夠了。因爲社會對於個人的優勢不只是物質的，而且也是理智的、精神的，所以只要社會正確掌握這個優勢，就不會有濫用自由的危險。反省在使人認識到社會存在比個體存在更爲豐富、更爲複雜、更爲久遠後，就能使人們清楚地知道個人爲什麼要處於從屬地位，習慣爲什麼要求個人在內心裡永久有依戀和尊重社會的感情的理由。㉓

㉓ 因此，並不是一切約束都是正常的。只有那些與社會優勢即理性或道德優勢一致的約束，才可稱爲約束。但是，如果一個個人依靠自己比別人強大或富有而對別人實行約束時，尤其是當他的財富並不表示其社會價值時，這種約束就是不正常的，而只能依靠暴力來維持。

只有一種非常膚淺的批判可能指責我的社會約束的觀點，說我只是重複了霍布斯和馬基維利的學說。我與這兩位哲學家相反，認爲社會生活是自然的，但這並不是說我要到個人的本性中去尋找社會生活的根源，而是說社會生活直接來源於本身就是一種特殊的自然的集體存在。也就是說，社會生活來自一種把個人的意識結合起來而加以改造，從而產生新的存在形式的特殊加工。㉔因此，如果我與霍布斯和盧梭一樣，認爲社會生活是從約束的方面看待個人的，那我就得與史賓塞和正統派經濟學一樣，也承認社會生活是現實的自發產物了。而且這兩種表面上看來矛盾的因素又能從邏輯上聯繫起來，那是因爲產生社會生活的現實超越了個人。這就是說，約束和自發產生這兩個術語，在我使用的時候並沒有霍布斯關於約束和史賓塞關於自然發生的解釋的涵義。

總而言之，對於大多數想要合理解釋社會事實的試圖，可以從它們放棄關於社會紀律的一切觀念，或從它們只能依靠荒謬的手段來維持社會紀律，而加以批駁。與此相反，我前面

㉔ 我的理論與霍布斯不同，超過它與自然理論的不同。實際上，自然理論的擁護者認爲集體生活只有在它能夠從個人的本性中演繹出來的時候才是自然的。但是，嚴格說來，只有社會組織的最普遍的形式才能由這個來源產生。至於社會組織的細部，因爲它們與最普遍的心理屬性相距太遠，所以不能與這個來源聯繫。看來，這一學派的信徒似乎也同他們的反對者一樣，都認爲社會組織的細部是人爲的。我的看法與他們完全相反，認爲一切都是自然的，甚至那些最專門的設施也是如此，因爲一切都是按照社會的本性建立起來的。

所述的各條規則，可以創造出一種認爲整個公共生活的基本條件在於有遵守紀律的精神，把這種條件建立在理性和眞理的基礎之上的社會學。

第六章　關於求證的規則

我們只有一個方法證明一個現象是另一個現象的原因，那就是比較它們同時出現或同時消失的情況，考察它們在不同環境下結合時，表現出來的變化是否證明它們是相互依存的。如果它們能夠按照觀察者之意人爲地再現，那就採用嚴格意義上的實驗方法。如果相反，事實的產生並非我們所能支配，我們只能比較那些自發地產生的事實時，那就應該採用間接的實驗方法或比較方法。

前面已經講過，社會學的解釋只是確立現象的因果關係，即把一個現象與產生的原因聯繫起來，或者相反，把一個原因與其所產生的有用結果聯繫起來。另外，因爲社會現象顯然不能由觀察者所左右，所以只有比較方法適合於社會學。的確，孔德認爲，只用比較方法還是不夠的。在他看來，這種方法必須以他所謂的歷史方法來補充。但是，他的這種想法，源自於他對社會學法則的特殊認識。他認爲，社會學所應表現的，主要不是已經確定的因果關係，而是整個人類進化的方向；因此，社會學法則不能靠比較來發現，因爲要比較一種社會現象在不同民族中的不同形態，就必須使這種現象脫離它所屬的時間序列。但是，一開始就這樣把人類的發展割裂，以後便不可能找出人類發展的方向了。要想找到這個方向，不能用分析方法，而要用便於操作的廣泛的綜合方法。也就是必須使人類相繼發展的狀態連接起來，用某種直觀的方法把這些狀態結合起來，以發現人類的「身心、道德和政治方面的各種傾向的不斷發展」。[1]這就是孔德所說的歷史方法的存在理由。但是，一旦拋棄孔德主義社會學的基本概念，這種方法也就毫無用處了。

的確，密爾認爲實驗方法，甚至間接的實驗方法，對社會學是不適用的。然而，他卻把這種方法用於生物學現象的研究，甚至用於更爲複雜的物理—化學現象的研究，[2]這足以在很大程度上降低了他的看法的權威性。當然，今天我們已經無須再去證明化學和生物學只能是實驗科學了。他認爲在社會學上不能採用實驗方法的論點，也是沒有道理的，因爲社會現象和生物學、物理—化學諸現象相比，僅僅是社會現象更爲複雜了而已。這種不同充其量只能說明，在社會學上，運用實驗的推理比在其他學科更爲困難。但是，我們不理解爲什麼在社會學上根本不可能運用實驗方法。

另外，密爾的這一套理論是建立在一個公設的基礎之上的，而這個公設毫無疑問與他的邏輯學的基本原理有聯繫，但與科學的全部結果有矛盾。即他承認同一結果並不總是來自同一前提，認爲它有時由這一原因產生，有時由另一原因產生。關於因果關係的這種看法，在使這種關係失去一切確定的意義的同時，還使它幾乎不可能達到科學的分析，因爲這種看法

---

① 見《實證哲學教程》第四卷，第三二八頁。

② 見《邏輯體系》第二卷，第四七八頁。（英文版vol. II, book VI, ch VII, p.476。——譯者）

使本來就很複雜的因果關係更複雜了，以致人們的精神在其中迷路而走不出來。如果一個結果可以由不同的原因產生，則為了查明總體環境中的那個條件，對於這個結果的產生發生了決定性作用，就必須對這些條件一個一個地進行實驗，而實際上這樣的實驗是不可能的，尤其在社會學上更是如此。

然而，這種主張原因有許多種的公理，是對因果定律的否定。毫無疑問，如果我們也和密爾一樣，相信原因和結果是絕對不同質的，它們之間沒有任何邏輯上的聯繫，那麼，承認一個結果時而由這一原因產生，時而由另一原因產生，也毫無矛盾的感覺了。假如C與A之間是一種純時間關係，那麼這並不排除C與B之間也是一種純時間關係。但因果關係與此不同，如果說它具有某種可理解性，那它就不可能是不確定的。如果說它是一種來自事物的本性的關係，則同一結果只能是一個原因的產物，因為這種關係只能表現一種本性。但是，哲學家們卻一直懷疑因果關係的可理解性。而對於科學家來說，這裡並不存在問題，因為因果關係是以科學方法為前提的。否則怎能去解釋演繹法在實驗推理中十分重要的作用，以及因果比例關係的根本原理呢？對於被引用來觀察原因的複數性事例，為了使它們能有證明力，就得事先查明原因的複數性不只是簡單地見於外表，而且要查明結果的外表上的單一性沒有掩蓋實質上的原因的複數性。科學曾多次把那些乍看顯然是多數的原因簡化為單一原因。密爾本人就曾舉例說：根據現代的理論，摩擦、撞擊和化學作用等產生熱，都是由同一原因所致。而對於結果，科學家往往可以把被普通人混為一談的結果分得一清二楚。一般常識認爲，「發燒」這個詞只表示同一種疾病，而從科學上來說，有許多種性質不同的發燒，有多少種原因就產生多少種結果。如果說這些不同的疾病之間還存在著某種共同的東西的話，那是因爲引起這些疾病的原因的某些屬性也有相似的地方。

許多社會學家至今還在這種原因複數性的原理的影響之下，他們即使不反對比較方法，也必須擺脫這個影響。比如，現在人們常說，犯罪也可以由多種極不相同的原因造成，自殺和刑罰等也是如此。如果我們按照這種思維進行實驗推理，那麼，即使可以蒐集到足夠多的事實，也永遠不可能得出正確的法則和明確的因果關係來。在這種條件下，我們只能把沒有弄清楚原因的結果，稀里糊塗地歸因於一大堆含混不清的前提。因此，我們要想以科學的態度，即遵照來自科學本身的因果定律來使用比較方法，那我們就必須把下述命題作爲比較的基礎：同樣的結果總是有其同樣的原因。我們還以前面所說的自殺爲例，如果說自殺是由兩個以上的原因引起的，那實際上就是說自殺有許多種。犯罪也是如此，而刑罰則相反。人們之所以一直認爲刑罰可以用種種不同的原因來解釋，那是因爲人們沒有發現，在所有的前提裡存在著一種共同的因素，而正是由於這種共同的因素，這些前提才產生了相同的結果。③

---

③ 見《社會分工論》，第八十七頁。

二

然而，即使各種比較方法都可以用於社會學，它們並不都具有同樣的證明力。比如所謂的剩餘法，④雖說它也是實驗推理的一種形式，但可以說它對研究社會現象毫無用處。它只能用於那些相當先進的科學，因爲它要以許多關於法則的知識爲前提；而社會現象是十分複雜的，以致只有在一定情況下，才能從許多原因中準確地找出一個原因所造成的結果。

同樣的道理也使契合法和差異法難以用於社會學。實際上，這兩種方法的前提是：要求

---

④ 這裡所說的剩餘法，以及下面將要提到的契合法、差異法和共變法，乃是密爾提出的實驗研究的四種歸納法，又稱求因果四法。剩餘法是指：從所研究的現象中減去那些由於以前的歸納而得知爲某些先行條件的結果的部分，而現象的所剩下的部分就是其餘先行條件的結果。契合法是指：如果所研究的對象的兩個或兩個以上的事例只有一個情況是共同的，那麼這個唯一的使所有事例有一致之處的情況，就是所給定現象的原因或結果。差異法是指：如果所研究的現象只出現於眾多事例中的一個事例而不出現於其他事例，而其他情況在眾多事例中是共同的，那麼這個唯一使前一事例與其餘事例不同的情況，就是現象的結果或原因，或原因和一個必要部分。共變法是指：凡是每當另一現象以某種特殊方式發生變化時，以任一方發生變化的現象，就是另一現象的一個原因或結果，或者是由於某種因果事實而與之有聯繫。——譯者

所比較的現象只在一個點上契合或相異。可以肯定，從來沒有一種科學可以透過實驗把契合或相異的這種獨一無二的特性準確地證明出來，因爲絕對不能保證在實驗中不把某個反映著契合或相異的結果的前提漏掉，除非這個前提是唯一的已知前提。雖然絕對排除一切偶發因素是理想的極限，實際上不可能做到，但事實上物理學、化學，甚至生物學都差不多接近了這個極限，以致在大多數情況下，可以認爲實驗中得到的證明是相當可靠的。但在社會學上則不然，因爲社會現象過於複雜，一切人物的實驗都是不可能的。因爲不能把在同一社會內部並存的一切事實，或在這個社會的發展過程中相繼存在的一切事實逐一列出（甚至是大致地），所以也就絕不可能（甚至是大概地）認定兩個民族在任何關係方面都是相契的或相異的，除非它們本來就是一個民族。漏掉一個現象的可能性要比不放過所有現象的可能性大得多。因此，這樣的證明方法只能造成一些沒有任何科學性的臆測。

但是，共變法則全然不同。實際上，爲使這種方法有證明力，並不必把所有與用作比較的變化所不同的變化一律排除。兩種現象的變化表現出來的價值具有簡單的並行關係，只要被足夠數量的變化事例所證實，那就證明這兩種現象之間具有聯繫。這種方法的優越性在於：它證明事物的因果關係不像前述的那樣從事物的外部進行，而是在事物的內部進行。共變法不只是使我們看出兩種事物表面上的相伴與相斥，⑤因而並非不能直接證明兩種事實

⑤ 在差異法中，沒有原因就排除結果的存在。

有內部聯繫。相反，它可使我們看到兩種事實至少在量上互相參與。但是，只是這樣的互相參與就足以證明兩種事實並非互不相干。一種現象的發展方式，表現著該現象的性質。爲了使兩種發展互相對應，它們所表現的性質也得互相對應。因此，不管比較對象以外的現象處於什麼狀態，永恆的共存關係本身就是一條法則。因此，要推翻這種共存關係，只指出在某些情況下運用契合法或差異法難以證明其存在，那是不夠的。這等於給這樣的證據它在社會學上所沒有的權威。如果兩個現象彼此有法則地發生變化，即使在某些情況下其中一個現象單獨出現，那也應該承認它們之間有共存關係，因爲很可能是一個現象的原因由於某些相反原因的阻礙而未能產生結果，或者它雖然存在，但表現的形式與我們以前觀察到的形式不同。當然，正如人們常說的，我們可以用新的眼光來考察和研究事實，但不能立即把正式證明了的結果全部拋棄。

當然，由這種方法確立的法則，並不是一下子就以因果關係的形式表現出來的。並存的關係並不是源於一個現象是另一個現象的原因，而是源於這兩個現象是同一原因造成的結果，或者還可能源於在它們兩者之間存在著第三現象。這第三現象雖已介入，但未被發現，它是第一現象的結果和第二現象的原因。因此，要對這種方法所導致的結果加以解釋。然而，什麼樣的實驗方法可使我們順理成章地推出因果關係，而無須用理智對它所確定的事實進行加工呢？最爲重要的是，要按照一定的方法進行這種加工。這時可用的方法如下：首先，是借助於演繹法來查明兩項之中的一項如何產生了另一項，然後是借助於經驗

——即重新比較，來設法驗證演繹法所得的結果。如果演繹法是可行的，並證實它的結果是正確的，那就可以認爲證明是成立的。相反，如果發現兩個事實之間無任何直接聯繫，尤其是關於它們之間有某種聯繫的假設是與已經證明了的法則相悖時，那就要去尋找兩個事實都依存的，或在它們之間起媒介作用的第三現象。比如，我們可以相當準確地證明，自殺傾向的變化是與教育傾向的變化一致的，但我們還無法理解教育怎麼會導致自殺；這樣的解釋是與心理學法則相矛盾的。教育，尤其是基礎知識的教育，只觸及到意識的最表層領域；相反，自我保護的本能則是我們的基本傾向之一。因此，它不可能對相距甚遠和力量甚弱的事實做出敏感的反應。於是，我們會因此而自問：這兩個事實會不會是同一狀態的結果。這個共同的原因就是宗教方面傳統主義的削弱，既增強了人們對知識的需求，又增強了人們的自殺傾向。

然而，使共變法成爲社會學研究的主要手段的，還有另外一個原因。實際上，即使適用的條件極爲有利，但用來比較的事實卻很少，其他方法也無法有效地被應用。如果我們找不出只在一點上相似或相異的兩個社會，那我們至少可以確定兩種事實或者經常相伴或者經常相斥。而爲了使這種確定具有科學價值，就必須進行大量的認證，使人確信幾乎所有的事實都被檢查過。然而，不但這樣全面的檢查不可能做到，而且由此蒐集來的事實，也正因爲數量過於龐大而絕不可能充分可靠地認定下來。在這種條件下，不僅會有遺漏那些基本的、與已知的事實相對立的事實的危險，而且對已知的事實也不可能確切了解。實際上，社會學家的推論之所以不能使人信服，往往是因爲他們樂意採用契合法或差異法，尤其是契合法，從而更多地關心的是蒐集資料，而不是對資料進行分析和選擇。這樣，他們就經常把旅行家倉促完成的雜亂遊記與眞實的歷史文獻同等看待了。看到這樣的論證方法，人們不僅可以說只舉一個事實就足以將其推翻，而且可以認爲這種論證所依據的事實也不總能使人相信。

共變既不要求我們進行支離破碎的列舉，又不要求我們作膚淺的觀察。爲使共變法得出正確的結果，只有幾個事實就足夠了。只要證明在多數情況下兩個現象是共變的，就可以肯定其中有一個法則。社會學家運用共變法，無須很多的材料就可以進行選擇並進而作細緻的研究。這樣，社會學家就可以並因而必須把在眞實可靠的文獻中載有其信仰、傳統、風俗和法律的社會作爲他們進行歸納的主要材料。當然，也不能忽視民族學的資料（不是民族學家可以忽視的事實），但要把它們置於適當的地位。社會學家並不把民族學的資料作爲其研究的重心，他們通常使用這方面的資料，僅僅是爲了補充歷史資料的不足，或者至少要用歷史資料來證實民族學資料。這樣，社會學家不僅會以更強的判斷力來劃定比較的範圍，而且可以用嚴格的批判態度來進行比較，因爲這樣他們就對事實的種類規定了範圍，可以對它們作精心的考察。當然，沒有必要重複歷史學家的工作，但也不能被動地從各方面接受他們所要使用的全部材料。

然而，我們不要因爲社會學只能使用一種實驗方法而認爲它遠遠不如其他科學。實際上，這種不利情況可因社會學家在進行比較時能夠自行採用各式各樣的方式而得到彌補，而在其他自然科學領域裡就沒有那麼多的比較方式。一個個體的有機體一生當中發生的變化並不很多，而且是極其有限的。那些可以人爲地造成的但對於生命沒有造成破壞的變化，也被限制在很小的範圍之內。的確，在動物進化的過程中也會發生一些極其重大的變化，但這些變化本身只留下了極少的模糊痕跡，而且，要重新找到決定這些變化的條件，那就更加困難了。與此相反，社會生活是一種連續不斷的變化，它與集體生存中發生的其他變化並行不悖。我們在這方面可以掌握的，不僅有最近時期的資料，而且有已經滅亡了的民族流傳至今的大量資料。人類的歷史儘管有許多空白，但比各種動物的歷史要詳明和完整得多。而且，大量的社會現象是在全社會範圍內出現的，並由於地區、職業、信仰等的不同而有多種多樣的表現形式，如犯罪、自殺、出生率、結婚率、節儉等。這種特殊環境的多樣化，還在歷史進化所造成的變化之外，爲這類事實中的每個事實造成一系列新的變化。因此，如果社會學家不能一一有效地運用實驗研究的一切手段，那麼，他們排除其他方法之後唯一可以使用的共變法，卻能在他們手中獲得豐收，因爲在使用共變法時他會有無與倫比的能力。

但是，只有嚴格使用共變法，方可得出預期的結果。如果像人們常做的那樣，只滿足於用一定數量的例子來說明事實在分散孤立的情況下按照預想發生了變化，那是什麼也證明不了的。根據這種斷斷續續的契合，是無法得出任何一般結論的。舉例說明一種觀念，並不等於證明了這個觀念。我們所要比較的不是孤立的變化，而是按法則形成的、彼此先後連貫的、並盡可能是遞進的、而且具有足夠的廣泛範圍的變化系列，因爲我要想從一個現象的變化中歸納出一條法則來，只有在這些變化清楚地說明了該現象在所定的環境下的自我發展方式時才能做到。而要做到這一點，就必須使這些變化之間也具有自然進化的各不同時期之間具有的那連續性，還要使這些變化所表示的進化是一個相當長的過程，以使人們對它的發展方向沒有懷疑的餘地。

三

但是，上述變化系列的形成方式，根據情況而各不相同。這些變化系列既可以包括來自單獨一個社會的事實，或包括屬於同種的若干社會的事實，又可以包括屬於不同的若干社會種的事實。

嚴格地說，如果我們所研究的是一些極其普遍的事實，而且對它們具有多種的廣泛的統計材料，那麼使用第一種方法就足夠了。比如，我們拿表示一個足夠長的時期的自殺的增減曲線與自殺現象因地區、階級、城鄉、性別、年齡、身分等不同而發生的變化進行比較，就可以不把研究擴及其他國家，而得到一個國家關於自殺的眞正法則，當然用對同種的其他民族所做的觀察來證實由此得出的結論，往往是更爲可取的。但是，只有在研究某一遍及全社會的，而在各地的表現又不相同的社會潮流時，才可以只滿足於這種有限的比較。反之，如果我們所研究的是在一個國家裡到處都是一樣的，並以同樣的方式盡其職能，只是隨著時間而改變的制度、法律或道德規則和已經組織化的風俗習慣，那就不能只局限於一個國家。否則，被用來作證明的材料只能是見於單一社會的一對平行的曲線，即一條表示所研究的現象歷史變遷的曲線，另一條是表示推測原因的曲線。當然，這種平行關係只要是恆常的，就已經構成一個重要的事實，但它本身還不能單獨成爲一種證明。

但是，在我們研究同種的數個民族時，就可以掌握更爲廣泛的比較材料了。首先我們可以拿一個民族的歷史與其他民族的歷史對比，觀察同一現象在所比較的每個民族中，是不是在同樣的條件下，隨著時間的前進而進化。然後，我們還可以在這些不同的發展之間進行比較。比如，可以確定所研究的事實在不同社會裡達到頂點時的狀態。這些社會雖屬於同一類型，但各有其明顯的個性，所以上述的形態並不總是一樣的，而是根據情況彼此或多或少有所不同。這樣，我們便掌握了一系列新的變化，並可以拿它們與我們預定的條件同時在每個國家引起的變化進行比較。比如，我們透過羅馬、雅典和斯巴達的歷史而研究父權制家庭的進化後，可先根據父權制家庭在這些城邦裡所達到的最高發展程度，對這些國家進行分類，然後看一下是不是可以根據父權制家庭賴以存在的社會環境（根據最初的觀察似乎是這樣）的狀態，再進行這樣的分類。

然而，只有這種方法還是不夠的。實際上，這種方法只適用於所比較的民族存在期間發生的現象，但一個社會並非一一創造其全部組織，有些組織是從先前社會原封不動地接受下來的。這樣遺留下來的組織不是這個社會歷史發展的產物，所以，不超越這個社會所屬種的界限是無法解釋它們的。只有使原來的社會基礎增加了新的內容和改變了面貌的東西，才可以用這種方法來考察。但是，在社會發展的階梯上愈往上溯，每個民族新獲得的特性比起它接受下來的特性，就愈是顯得微不足道。這也是一切進步的條件，比如，有史以來我們在家庭法、所有權法和道德方面創造的新東西，比起過去遺留下來的東西，相對來說要少一些，而且也較次要。因此，如果不事先研究產生這些新東西的那些最基本的現象，就無法理解這些新東西，而這些最基本的現象，只能借助於極其廣泛的大量比較來研究。爲了能夠解釋家庭、婚姻、所有權等的現狀，就必須知道它們的起源和它們簡單的構成要素。關於這兩個問題，比較歐洲主要社會的歷史不會給予我們多大的啓示，還必須追溯到更古的時代。

因此，要說明屬於一定種的某一社會制度，就不僅應該比較這個制度在這個種的民族中所表現的各種不同形態，而且還應該比較它在先前的一切種的各民族中所表現的各種不同形態。比如，在說明家庭的組織時，我們應該首先找出最簡單的、曾經存在過的家庭類型，然後再一步一步地考察它是如何逐漸複雜化的。這個可以稱之爲「發生法」的方法，可使我們同時對上述現象進行分析和綜合。這是因爲：一方面，這個方法既已使我們看到構成這種現象的要素是如何互爲補充地逐漸結合在一起的，那它就可以使我們把它們分開來加以研究了；另一方面，由於具有如此廣闊的比較範圍，這個方面就可以更好地確定這些要素的形成與結合所依賴的各種條件。因此，要解釋某一較為複雜的社會事實，只有觀察它在所有的社會種中的全部發展過程才能做到。比較社會學並不是社會學的一個特別分支，只要它不再是專注於描述，而注重研究事實，它就是普通社會學了。

在如此廣泛的比較過程中，往往會犯錯誤，導致荒謬結論。爲了判斷社會事實的發展方向，往往會簡單地拿發生在每一社會種的衰落時期的現象，與發生在隨後的社會種的初期的現象做比較。在這樣做的時候，我們以爲人們會說，如果信仰和一切傳統主義的衰微之類，從來就只是一些民族生活中的暫時現象，因爲這種現象只在這些民族存在的後期出現，並在新的進化開始時便消失了。但是，採用這種方法可能冒一種風險：把完全由另外一種原因產生的結果當成了進步的正常的和必然的過程。其實，一個新誕生的社會的狀態，並不是它所取代的那些社會在其末期所達到的狀態的簡單延續，而是只有一部分來自這個社會的幼年時期。但社會在幼年時期，通常都拒絕立即直接吸收和利用以前各民族的原有經驗。這如同小孩從父母那裡接受了要到他長大以後才能發揮作用的能力和素質一樣。如果再以此爲例，就可以發現，在每一個社會的歷史之初出現的傳統主義的復興，可能不是因爲傳統主義的衰微永遠只是暫時的，而是由新誕生的社會所處的特殊環境所決定的。只有排除妨礙比較的年代因素，比較才具有證明的價值。而要達到這一點，只須把比較的社會置於同一發展時期加以考慮就可以了。因此，要想知道一個社會現象朝著什麼方面演變，就必須拿這個現象在每一社會種的幼年時期的表現，與其在後來的社會種的幼年時期的表現作比較；然後根據這一現象由一個階段到另一個階段是增強了，還是減弱了，或者是維持原狀不變，就可以判斷它是進步了、退步了，還是原地未動。

結論

現將本書所述方法的特點概括如下。

首先，它獨立於一切哲學。但因爲社會學產生於一些重大的哲學理論，所以社會學依然保持著依靠與其有著牢固聯繫的某一哲學體系的習慣。因此，社會學也只有滿足於這種狀況，依次由實證主義的，發展到演化主義的，再由演化主義的發展到唯心主義的。如果不只是爲了說明社會學認爲社會事實是可以用自然的原因來解釋的話，我甚至也不想把它稱爲自然主義的。在這種情況下，修飾詞毫無特殊意義，因爲自然主義的這個修飾詞只是簡單地表示社會學家所進行的是科學事業，表示他們不是神祕主義者。但是，如果人們要賦予「自然主義的」這個詞關於社會事物的本質的學說意義，比如，如果人們要說社會事物可還原爲其他別的宇宙力量的話，我則反對使用「自然主義的」這個詞。社會學無須使用那些使形而上學者們發生意見分歧的重要假說。它既沒有必要肯定自由，又沒有必要肯定決定論。它的全部要求，是叫人們承認可把因果定律的原理運用於社會現象的研究。而且，在社會學上這一原理不是作爲一種合理的必然性，而只是作爲一種經驗的公設，即合理歸納的產物而提出的。因爲因果定律已在其他自然的領域裡得到證實，即其作用範圍已逐漸由物理—化學世界擴大到生物學世界，進而由生物學世界擴大到心理學世界，所以我們有理由認爲把它用於社會學世界也同樣是恰當的；而且今天可以補充一點：以這種公設爲基礎進行的各種研究又在證明把它用於社會學的合理性。但是，關於因果關係的性質是否排斥一切偶然性的問題，並沒有因此而得到解決。

而且，社會學的這種解放，對於哲學本身也極爲有利，因爲只要社會學家沒有充分地擺脫哲學的影響，他就只能從社會事物的最普遍的方面，即從同宇宙間的其他事物極其相似的方面來認識社會事物。即便處於這種狀態的社會學能夠用新奇的事實注釋哲學，那它也不可能用新的觀點來充實哲學，因爲它絲毫不能給研究對象增添新的內容。而實際上，如果其他領域的主要事實也見於社會領域，那只能以有利於理解其性質的特殊形態出現，因爲特殊形態是這些主要事實的性質至高無上的表現。只是從這種形態觀察這些事實時，必須擺脫一般性論述，而深入到它們的細節。這樣，隨著社會學自身的日益專業化，便能爲哲學的反思提供更爲獨特的材料。以上所述已能使我們看出，關於種、器官、功能、健康與疾病，原因與目的等基本概念是如何以全新的面目出現於社會學中的。此外，社會學不就是要充分突出「結合」這個不僅可以作爲心理學的基礎，而且可以作爲全部哲學的基礎的概念嗎？

對於現有的學說，我的方法允許並要求它們有同樣的獨立性。這樣理解的社會學，既不是人們通常所說的個人主義的社會學，又不是人們通常所說的共產主義和社會主義的社會學。原則上說，社會學不理睬這些理論，不承認它們的科學價值，因爲它們想直接做的不是說明事實，而是改造事實。要使社會學關心這些理論，最低限度得使它從它們當中發現有助於它理解社會現實的社會事實，看到對社會有鼓舞作用的需要。然而，這並不是說社會學不應該關心實際問題。相反，人們可以看到，我始終關心的是引導社會學能夠得到實際結果。社會學在其研究的終極必然要碰到這些問題。但是，由於這些問題只是產生於這個終極時刻，它們是出於事實而不是出於人們的情感，所以我們由此就可以預想到，社會學家提出這些問題跟普通百姓完全不同，而社會學家提出的解決問題的方法，即便是其中的一部分，也不可能與一切黨派所作的任何決議完全一致。由此看來，社會學還有一項任務，那就是不以一種學說反對其他學說，在思想上養成遇到這些問題時，採取特別態度的習慣，即以直接接觸事物的科學的態度來解決問題，以擺脫一切黨派的束縛。實際上，只有社會學才能以尊重的態度，而不以拜物教的態度來研究歷史上形成的一切制度，同時指出它們的必然性和暫時性，以及它們固有的抵抗力和無限的可變性。

其次，我的方法是客觀的。它完全受社會事實是事物，故應作爲事物來研究這樣一種觀念所支配。當然，這個原理也以稍微不同的形式見於孔德和史賓塞先生的學說的基礎之中。但這兩位大思想家主要是從理論上對這個原理進行了概括，而很少把它們運用於實踐。爲了不使這項概括成爲一紙空文，只把它宣布出來是不夠的，還必須把它作爲社會學家一開始接觸其研究對象時就要遵守的，而且要貫穿於他的全部研究過程之中的守則的基礎。我至今潛心研究的，也只在於建立這個守則。我在前面已經指出：社會學家應該如何排除他們對於事實的成見，而直接面對事實本身；應該如何從事實的最客觀的性質著手研究事實；應該如何根據事實本身來確定把它們劃分爲健康狀態和病態的方法；最後，他應該如何在對事實的解釋中和在證明這種解釋的方法上體會這項原理。因爲我們一旦感到自己所面對的實在的事物，甚至就不想以功利主義的打算和任何一種推論來解釋它們了。在這樣的原因和這樣的結果之間存在著差距是十分明顯的。一種事物就是一個力量，但這個力只能生自另外一種力。因此，爲了說明社會事實，就得尋找能夠產生這種事實的各種力量。不僅對社會事實的解釋不同，而且對它們的論證也不同。或者更確切地說，只有把它們作爲事物時，才感到需要證明它們。如果社會學的現象只是一些具體化了的觀念體系，那麼解釋社會學的現象，就是按照它們的邏輯順序重新研究它們，而這種解釋本身就是對它自己所作的證明，這時最多只需要舉一些事例來加以證實。如果不舉事例證實，則只有透過合理組織的實驗才能揭示出事物的奧祕。

但是，我們把社會事實看作事物，即是把它們看作社會的事物。這是使我的方法成爲社會學的專門方法的第三個特點。人們往往以爲，這些現象過於複雜而難以對它們進行科學的研究，而要使它們成爲科學研究的對象，就必須把它們簡化爲它們的基本條件，即簡化爲心理的條件或有機體的生存條件，也就是說，使它們失去本有的性質。我與此相反，而是力求證明無須抽掉它們本有的性質，就可以對它們進行科學的研究。我甚至拒絕把作爲這些現象的特徵自成一類的非物質性簡化爲本身已經極其複雜的心理現象的非物質性，尤其是不能允許自己仿效義大利學派把這種非物質性消解在有機物質的一般屬性之中。①我在前面已經指

① 因此，人們沒有理由說我的方法是唯物主義的了。

出，一種社會事實只能以另一種社會事實來解釋，同時在揭示集體進化的主要原動力存在於社會內部環境時也說明了這種解釋是可能的。因此，社會學不是其他任何一門科學的附庸，它本身就是一門不同於其他科學的獨立的科學。對社會現實的特殊感覺是社會學者不可缺少的東西，因爲只有具備社會學的專門知識才能使他去認識社會事實。

我認爲這一進步對於社會學的今後發展也是極爲重要的，當然，當一門科學在初創的時候，爲了使它能夠成立，就必須參照僅有的已有模式，即參照已經形成的科學。那裡是既有的經驗的豐富寶庫，若不利用，那就太愚蠢了。但是，一門科學只有形成自己獨特的個性，才能讓人視爲達到了最後的獨立，因爲只有其他科學沒有研究的那類事實成爲它的研究對象時，它才有理由獨立存在。但是，不能把相同的概念用於性質不同的事物。

我認爲這些就是我的社會學方法的原則。

我這一整套的規則若與人們通常使用的各種方法相比，或許顯得過於繁雜而不適用。的確，對於至今幾乎都要求研究工作者具備一般文化素養和哲學素養的科學來說，遵守這一系列具限制作用的規則或思想內涵似乎有些困難。事實上也可以肯定，實際運用這些方法也不會提高人們對社會學的事物的興趣。當我們作爲基本條件，要求人們放棄他們對某一類事物的傳統觀念而重新考察這些事物時，不會有眾多的支持者。但這也不是我們追求的目的，相反，我以爲，對於社會學來說，現在是放棄這裡所謂的成功，也像任何一門科學那樣自立門戶而獨自傳授下去的時候了。這樣，社會學雖在推廣上有所失，但在威嚴和權威上會得到補償。只要它還參與黨派鬥爭，只要它還仍滿足於以略高於普通人的推理方式來確立共同的觀念，而不以任何專業能力爲先決條件，那它就沒有資格大聲疾呼：讓情感和偏見休矣！當然，社會學可以有效地發揮這種作用還爲時過早，但正是爲了使它能在將來的某一天發揮這種作用，我們才必須從現在起就開始努力。

涂爾幹年表

年代	生平記事
一八五八	四月十五日，出生於法國洛林的埃皮納勒，一個傳統的猶太家庭中。
一八七〇	普法戰爭爆發，家鄉埃皮納勒被普魯士軍隊占領，開始認為宗教並非源自於神，而只是一種社會現象。
一八七七	十九歲時，父親病危，經濟與精神狀況皆造成其壓力，使他無法專心準備考試。
一八七九	經過兩次考試失利後，終於以優異的成績考進巴黎高等師範學校。
一八八二	·畢業於巴黎高等師範學校。 ·任教於省立中學，直至一八八七年。
一八八五	赴德國研讀教育學、哲學、倫理學一年。
一八八七	·受聘於波爾多大學（Université de Bordeaux），教授教育學以及當時尚未被承認的社會學，至一九〇二年為止。 ·與露易絲·德雷福斯結婚，育有一子一女。
一八九一	被任命為法國首位社會學教授。
一八九三	·出版《社會分工論》，是其哲學博士論文。 ·闡發關於人類社會的性質及發展規律的理論。
一八九四	投身社會運動，在德雷福斯事件中發揮積極作用，強化其社會活動家的地位。

一八九五	·出版《社會學方法的規則》。 ·定義了作為獨立學科的「社會學」，討論社會學研究的對象和基本方法。
一八九六	創辦《社會學年鑑》。（第一期的《社會學年鑑》是一八九六年，但是一八九八年才刊行）
一八九七	出版《自殺論》，成為社會學案例研究的典範之作。
一九〇二	·成為巴黎大學教育部主席，執教於巴黎大學文理學院。 ·根據社會學研究的不同對象，把社會學分為一般社會學、宗教社會學、法律社會學、犯罪社會學、經濟社會學、道德社會學、社會形態學、美學社會學等。
一九一二	·被任命為巴黎大學教育部終身主席。他隨後將這個職位改名為「教育部和社會學部主席」。 ·出版最後一本重要著作《宗教生活的基本形式》。
一九一五	於第一次世界大戰中痛失其獨子。
一九一七	·突發中風。 ·休養幾個月後，自認康復，便重拾《道德》雜誌的工作。 ·十一月十五日逝世，安葬於巴黎蒙帕拿斯墓園，享年五十九歲。

索引

七畫

八畫

九畫

十畫

十一畫

十二畫

十三畫

十四畫

十五畫

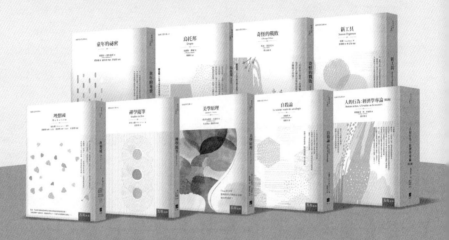

經典名著文庫060

社會學方法的規則

作　　者 —— 涂爾幹（Émile Durkheim）
譯　　者 —— 狄玉明
發 行 人 —— 楊榮川
總 經 理 —— 楊士清
文庫策劃 —— 楊榮川
副總編輯 —— 黃文瓊
特約編輯 —— 張碧娟
責任編輯 —— 李敏華
封面設計 —— 姚孝慈
著者繪像 —— 莊河源
出 版 者 —— 五南圖書出版股份有限公司
地　　址 —— 台北市大安區 106 和平東路二段 339 號 4 樓
電　　話 —— 02-27055066（代表號）
傳　　眞 —— 02-27066100
劃撥帳號 —— 01068953
戶　　名 —— 五南圖書出版股份有限公司
網　　址 —— http://www.wunan.com.tw
電子郵件 —— wunan@wunan.com.tw
法律顧問 —— 林勝安律師事務所　林勝安律師
出版日期 —— 2019 年 5 月初版一刷
定　　價 —— 320 元

國家圖書館出版品預行編目資料

社會學方法的規則 / 涂爾幹 (Émile Durkheim) 著；狄玉明譯．
-- 初版 -- 臺北市：五南，2019.05
面；公分
譯自：Les règles de la mèthode socilolgique
ISBN 978-957-763-281-4（平裝）

1. 社會學理論　2. 方法論

540.2942　　108001154